TON IMAGE

premier outil de communication

Nous sommes simplement humains et influençables. Voir quelqu'un pour la première fois crée en vingt secondes une première impression basée sur une vision globale de la personne.
Si cette impression est bonne, elle ouvre notre bienveillance. Mais si elle est mauvaise, elle met de la distance. La modifier prendra alors du temps.
Soyons réalistes et tenons compte de notre image car «Nous n'aurons jamais une seconde chance de faire une première bonne impression.» (David Swanson,écrivain américain né en 1969). Voici donc les quelques points qui demandent une vigilance particulière.

PROPRE, ON PASSE PARTOUT

Il n'y a maintenant plus aucune excuse pour justifier une mauvaise hygiène. L'accès à la douche s'est généralisé : la quasi totalité des foyers français disposent d'une douche contre seulement 29 % en 1962. La pire image qu'on l'on puisse renvoyer à autrui, c'est d'être sale. Ce n'est plus pardonnable. Comment laisser supposer qu'on a la capacité de s'intéresser aux autres, quand on ne parvient déjà pas à s'occuper de soi ? Une hygiène déplorable coupe court à toute amitié, fait perdre la confiance des autres, isole.

A quoi sert notre odeur ?
On a tous une odeur qui nous différencie des autres. Elle est due à nos phéromones qui sont des signaux que notre corps émet vis-à-vis des autres. Elle nous sert de carte d'identité olfactive qui sensibilise le sexe opposé à notre charme. Très légère, elle est fort sympathique, mais forte, elle devient un repoussoir assuré !
Méfie-toi, il est difficile d'être objectif quant à sa propre odeur, elle nous est si familière...

Comment se développent les odeurs ?
Sache aussi que ce sont des bactéries qui sont à l'origine des odeurs, elles se développent dans les zones humides de notre corps. Si tu portes par exemple des vêtements trop serrés, tu vas favoriser la macération, donc les odeurs de transpiration. L'épilation permet de diminuer le développement des bactéries.

INDEX

L'indispensable de
L'ADO

Mentions légales :

ISBN 978-2-9539244-3-5
Dépôt légal: Janvier 2015
Imprimé en Lituanie par Printing Corporation Ltd

Loi 49-956 du 16 juillet 1949 sur les publications destinées à la jeunesse.

Éditions Perspective 6, rue des grands terreaux 25 440 LIESLE
www.editions-perspective.fr

Auteur : Gisèle HENRIOT
Illustrations : Karim CHAIR

PRÉSENTATION

Vivre avec les autres : une délicate mission qui nous incombe dès la naissance et à laquelle nous ne serons jamais préparés. Pourtant nous sommes de plus en plus nombreux sur terre et de plus en plus concentrés dans des villes. Un aspirant ermite aurait des difficultés à s'isoler...

La densité des échanges humains nous oblige à complexifier nos règles, à nous adapter à chaque instant aux autres sans nous perdre pour autant.
Les professeurs de vie n'existent pas. Nous apprenons donc ''sur le tas'', par expérience, à force d'erreurs corrigées à gérer nos relations aux autres. À nous de surmonter nos peurs, de maîtriser nos émotions, de juger quand faire confiance, de mesurer les risques, de respecter les autres... tâche complexe et ardue à laquelle nous travaillons toute notre existence. Elle conditionne, excusez du peu, toute notre vie sociale et affective !

Notre famille prend bien en charge notre première éducation. Elle nous transmet dès la petite enfance les bases de la communication, c'est à dire le code de la politesse*. Ce kit essentiel devient notre première grille de lecture de nos relations aux autres et nous sécurise pour évoluer dans le monde.

Mais suit la seconde éducation, la plus importante, celle que nous nous donnons à nous-mêmes dès que nous sommes en capacité de choisir, au seuil de l'adolescence. Nous faisons du savoir-être notre challenge personnel.

Hélas, comme le dit avec humour Woody Allen réalisateur américain, «Le temps d'apprendre à vivre, il est déjà trop tard.».
Ce livre n'a que l'espoir de faire gagner du temps à ses lecteurs, de leur offrir des éléments de réflexion pour se faire une opinion, choisir en conscience, se déterminer et avancer rapidement vers une vie sociale respectueuse et épanouie.

Note de l'auteur :
Chaque point abordé est résumé en paragraphe. Il ne faut pas hésiter à aller chercher en ligne des renseignements complémentaires pour plus d'informations ou pour densifier le thème.

*Lire ''L'indispensable de la politesse, 53 règles pour bien vivre avec les autres'' pour les 6/14 ans, même auteur, même éditeur.

SOMMAIRE

Se déplacer

Pourquoi se laver ?
Une bonne hygiène corporelle permet d'enlever les microbes, d'enlever aussi la saleté, de sentir bon et d'éviter les infections. Tu donnes aussi à autrui la garantie que tu es fréquentable.

La règle :
- une douche au savon tous les deux jours minimum,
- une douche après les activités physiques,
- un shampoing deux à trois fois par semaine,
- le changement des sous-vêtements tous les jours, des vêtements deux à trois fois par semaine,
- ne jamais mettre du propre sur du sale ou l'inverse,
- le changement régulier de la literie et des serviettes de toilette qui sont toujours personnelles pour éviter la transmission des parasites, champignons dermatologiques.

LES DETAILS QUI CRAIGNENT :

• **sentir des pieds.** Il n'y a pas d'atavisme en la matière, tout peut changer en adoptant les habitudes suivantes :
- se laver les pieds tous les jours au savon en rentrant chez soi puis les laisser à l'air dans des chaussures ouvertes, genre claquettes,
- se couper régulièrement les ongles car ils retiennent les odeurs,
- changer de chaussettes tous les jours en privilégiant celles en coton qui ont l'avantage d'absorber les odeurs,
- pour éviter la macération, préférer des chaussures en matière respirante comme le cuir
et enfin, le soir, les placer ouvertes dans un lieu aéré pour qu'elles sèchent.

• se gratter en public, surtout l'entrejambe pour un garçon. Attention, ce peut être une habitude dont tu n'as plus conscience comme beaucoup d'adolescents. Connais-tu le sketch comique, qui essaie de donner un sens à ce geste machinal et dont l'auteur est français ? Si tu es concerné, pense au regard des autres qui te surprennent dans ton intimité et sois vigilant durant quelques jours, tu perdras rapidement cette fâcheuse habitude. Rappelle-toi, on ne procède pas à des soins de toilette tels que curage des nez, oreilles, ongles, coiffage, etc. en public car ce sont des actes intimes.

• sentir la transpiration. A l'adolescence, l'aisne et les aisselles deviennent beaucoup plus odorantes. Ce sont les parties à privilégier à toute toilette, matin et soir si nécessaire. Les déodorants ou les anti-transpirants sont très utiles surtout l'été. Utilise les plus naturels. Pour être efficaces, ils ne s'appliquent que sur une peau propre. Ils n'ont pas le même effet : les premiers exhalent une odeur qui minimise l'odeur naturelle, les seconds limitent la production de transpiration pendant quelques heures.

• les ongles et les oreilles sales. Si toi tu ne le vois pas, les autres si ! Un petit contrôle le matin avant de quitter la maison et te voilà tranquille.

• les taches sur les vêtements attirent le regard. Essaie de les atténuer à l'eau ou change toi ! Si tu ne peux pas, excuse-toi lorsque tu te présentes.

• **Les vêtements noirs odorants.** Pense que si la crasse ne se voit pas sur les vêtements noirs, elle est pourtant bien là ...et cela se sent !

• **des chaussures sales** sont du plus mauvais effet. En plus , si tu prends la peine de les cirer, tu auras l'avantage de les préserver durablement.

L'art du parfum

Il ne sert pas à masquer des odeurs pré-existantes et s'applique donc sur un corps propre et sec. Sais-tu qu'un parfum réagit et exhale différemment selon le type de peau ? Chaque peau a une salinité et un PH différents selon ce que l'on mange, ce avec quoi on se lave, et selon la période du cycle pour les femmes. Il peut mettre en valeur ou être discordant avec la personne qui le porte. Il faut donc le choisir avec soin, en l'imaginant comme une enveloppe de séduction qui prolonge ta personnalité masculine ou féminine.

Préfères-tu les fragrances florales, fruitées, ambrées, boisées, les agrumes, les fougères, les chypres ? Prends le temps d'en tester plusieurs dans une parfumerie. Privilégie l'eau de toilette plus légère et facile à porter. Commence par un petit vaporisateur à utiliser avec modération et pour des moments privilégiés.

Des chiffres :

Dans un sondage réalisé en juillet 2009 auprès de 1000 personnes, il apparaît que les odeurs corporelles sont rédhibitoires pour 92 % des personnes interrogées et les auréoles sur les vêtements le sont pour 66 % d'entre-elles.

Avant :
A la renaissance, on croyait qu'en dilatant les pores, l'eau permettait aux maladies de s'infiltrer dans le corps. Dans l'esprit de chacun, une couche de crasse assurait donc une protection contre les maladies.
Le roi Louis XIV prenait des bains mais ne se mouillait jamais les cheveux. Il les dégraissait en les faisant longuement peigner. Certains de ses courtisans qui n'avaient pas accès à une salle de bain, pratiquaient la toilette sèche : ils changeaient alors de vêtements 6 à 8 fois par jour.

LOUIS XIV :
NOUVELLE FRAGRANCE !

Une réputation tenace :
Les français ont la réputation d'être réfractaires à l'hygiène corporelle. Cela s'est amélioré ces dernières décennies mais le sujet reste brûlant et la langue a gardé des traces de cette défiance. Ainsi «prendre un savon» exprime le blâme, «la douche froide» le coup dur, «s'en laver les mains» la trahison, «se faire mousser» le manque de fiabilité et «c'est du propre» la forfaiture. Essaie d'en trouver d'autres par toi-même.

COCORICO !

La symbolique de l'eau :
Dans l'Eglise primitive, se laver entièrement était un signe de purification du corps mais surtout de l'âme. Ainsi, bains turcs, thermes romains, hammams, mêlent hygiène, santé, plaisir et purification religieuse.
Dans la religion chrétienne, le nouveau né est accueilli dans la communauté religieuse par la cérémonie du baptême durant laquelle il est plongé dans l'eau.
Le Coran lui préconise cinq ablutions quotidiennes. Pour ceux qui ne disposent pas d'eau, elles doivent être réalisées symboliquement avec du sable.

Un artiste particulier :
Joseph Pugol connut un succès considérable au Moulin rouge à Paris, début 1900. Sa spécialité: pétomane. Il faisait rire des salles entières en jouant au clair de la lune avec une flûte et ses vents! Il parvenait même à éteindre les lumières de la scène avec ses gaz.
La guerre mis fin à sa carrière.

Origine du mot hygiène :
Il provient du nom de la déesse HYGIE qui est bien sur la protectrice de la santé.

COIFFÉ DECOIFFÉ MAIS COIFFÉ

Te présenter aux autres non coiffé, c'est un peu comme te présenter en pyjama, à la sortie de ton lit. C'est faire peu de différence entre ton espace intime où tu as toute liberté et l'espace social qui te demande un effort d'adaptation aux autres. Tu leur dis implicitement que leur présence ne compte pas pour toi. Peu délicat... et qui augure mal des relations à venir !

Ne pas confondre :
Le style décoiffé ne doit rien au hasard et ne peut être confondu avec le négligé ! C'est l'art du semblant : un aspect naturel savamment travaillé par les coiffeurs. Aussi difficile à obtenir que le style "pas rasé" : comment avoir tous les jours cet aspect sans devenir pour autant barbu ! Des chanteurs tels que Gainsbourg ont excellé dans ces styles.

Le choix des dreadlocks :
Si tu choisis ce style, sois patient et assure-toi d'avoir des cheveux en bonne santé avant de commencer. Ce n'est qu'après quelques mois que tu obtiendras l'effet voulu. Pour changer de coiffure, il te faudra couper tes cheveux presque à ras sinon accepter d'en arracher environ 1/3 pour les démêler !

Attention aux pellicules :
Si tu es concerné, veille à les enlever très régulièrement et en toute discrétion car elles donnent un aspect négligé. En plus, leur présence irrite le cuir chevelu et favorise la chute des cheveux. Cherche plutôt à comprendre pourquoi tu en as et à y remédier. La qualité des produits que tu utilises pour ta chevelure est-elle bonne ? Des shampoings antipelliculaires t'aideront mais questionne aussi ton coiffeur et ton médecin.

As-tu remarqué ?
Il suffit d'avoir les cheveux raides pour aimer les coiffures souples et les cheveux frisés pour rêver de coupes lisses. Nous avons l'esprit de contradiction. Pourtant, la coupe qui nous valorise le plus est celle qui correspond :
- à la nature de nos cheveux : fins ou épais, frisés ou raides, secs ou gras,
- ainsi qu'à la forme de notre visage.

Un coiffeur-visagiste est de bon conseil.

Les ennemis :
- le silicone que tu trouves dans certains shampoings pour faciliter le démêlage ou gels. Il forme une sorte de gaine autour de la tige et "étouffe" le cheveu. Tu peux le repérer en regardant la composition du shampoing : il correspond aux composants se terminant par -thicone, -thiconol, -siloxane, ou encore -silane.
- l'alcool contenue dans les gels car il dessèche le cheveu.
- pour la même raison, le recours systématique au sèche-cheveux.

Comment fonctionne un cheveu ?
Il est composé d'une tige, d'un follicule et d'une racine. La tige est faite de plusieurs couches de cellules qui se comportent comme des écailles pour la protéger. La vie d'un cheveu est limitée à trois étapes : la croissance qui dure de 3 ans pour les hommes à 6 ans pour les femmes, le repos de 3 semaines puis la chute après trois mois. Mais il est immédiatement remplacé par un autre cheveu qui pousse dans le même follicule. Nous perdons ainsi entre 50 à 100 cheveux par jour et la pousse s'effectue au rythme d'environ 1 cm par mois.

Mais si le cheveu est attaqué (par des produits capillaires trop corrosifs ou la pollution ou sous l'effet d'une carence alimentaire, du stress...), les écailles se décollent : le cheveu devient alors terne, cassant et peut tomber environ 3 mois plus tard.

Connais-tu le mot "alopécie" ?
C'est la perte des cheveux, partielle ou totale, synonyme de calvitie. Elle touche plus les hommes que les femmes et parfois dès l'adolescence. Les signes précurseurs en sont : cheveux ternes, démangeaisons du cuir chevelu, racines douloureuses, excès de sébum (cheveux gras) ou apparition de pellicules. Il faut consulter un dermatologue si on remarque une perte de cheveux plus importante que d'ordinaire. Elle peut être freinée ou enrayée.
Des chiffres :
D'après des statistiques, 4 millions d'hommes seraient touchés par l'alopécie :
30 % à 30 ans, 40 % à 40 ans, 50 % à 50 ans.

Tu l'as vue, ma tête ?
Aux États Unis, 2% des coiffeurs ont déjà été poursuivis en justice pour avoir raté une coupe ! (savoirs-inutiles.com)

Le symbole du cheveu dans l'histoire...

Depuis les temps les plus reculés la chevelure est symbole de séduction chez la femme et de force, virilité chez l' homme.
On le retrouve dans la mythologie grecque avec la blondeur d'Ariane, Aphrodite dont la chevelure voilait la nudité et Sanson qui tirait sa force de l'opulence de la sienne.
Chez les gaulois, la chevelure longue était la marque de la royauté.
Les romains infligeaient la tonsure aux peuples vaincus.
Les musulmans conservaient une mèche de cheveux au sommet du crâne pour que Mahomet les transporte au paradis.
Les indiens considéraient la chevelure comme un trophée de guerre et la prélevaient sur leurs ennemis (le scalp).
Encore aujourd'hui, on se rase les cheveux en guise de soumission à l'autorité militaire ou à dieu comme les bonzes.

Quant aux coiffures :
Elles ont varié selon les coutumes, les cultures et les civilisations : les grecs portaient les cheveux courts, les Ostrogoths tressaient leur chevelure, les Francs portaient les cheveux longs en proportion de leur rang : ils pouvaient atteindre leurs genoux. Louis XIII, quant à lui, mit les perruques à la mode pour cacher sa calvitie. Le rang social se devinait à leur degré de sophistication : parfumées, poudrées, colorées, extravagantes.

Mais qu'est-ce ?

La trichotillomanie est un trouble majoritairement féminin qui consiste à s'arracher les cheveux ou les poils de façon compulsive. Il apparaît après un épisode de stress ou d'anxiété. Il apaise par son côté répétitif. Mais certains en deviennent quasi chauves ! Plus il est soigné tôt, plus les traitements sont efficaces.

L'art de couper les cheveux en quatre :

Les pataphysiciens se sont amusés à inventer un nom savant pour cette expression: tétra (4) + pilec (poil) + ectomie (couper) et on obtient la tétrapilectomie...

Il fallait oser !

En Angleterre, en 1535, Henri VIII créa une taxe sur les barbes pour obliger les hommes à évoluer vers la modernité.

Pierre III de Russie (1728-1762) voulait lui aussi abolir les anciennes coutumes. Il interdit le vêtement traditionnel et taxa les barbes auxquelles ses sujets étaient particulièrement attachés. Il fit placer des barbiers aux portes de Moscou pour raser tous les nouveaux arrivants.

DENTS SOIGNÉES, SOURIRE MAGNIFIÉ

Un sourire radieux attire.
Tes interlocuteurs ne voient que ton visage éclairé et tu leur communiques du bonheur. Mais si leur regard tombe sur un morceau de salade coincé ou bien pire des dents ternes et chargées qui révèlent une hygiène douteuse, la gène s'installe, ils ne t'entendent plus. Quel gâchis ! Sans compter que pour écœurer et prendre des râteaux, il n'y a pas mieux !

Ne pas se laver les dents, c'est aussi favoriser le dépôt de tartre, les caries, la mauvaise haleine. Participe à ta bonne santé, tu es seul responsable de tes dents.

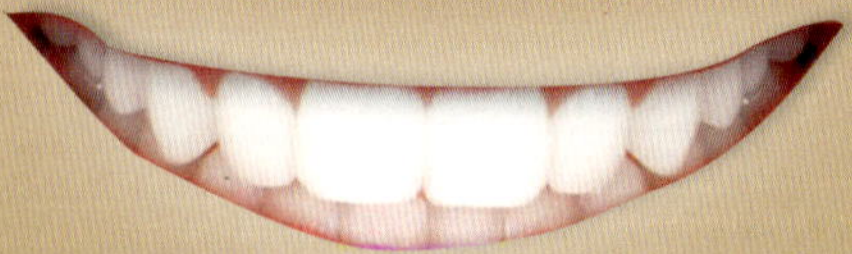

Le bon geste :

- se brosser de la gencive vers la dent (du rose au blanc) pour ne pas se déchausser les dents.

- se brosser aussi la langue pour réduire le nombre de bactéries.

- préférer un dentifrice au fluor qui prévient les caries.

- finir avec un fil dentaire pour nettoyer les interstices entre les dents.

La règle :
- 2 à 3 brossages par jour après les repas,
- durée de chacun : 2 à 3 minutes,
- une visite par an chez le dentiste,
- un détartrage par an,
- remplacer la brosse tous les 2 à 3 mois.

Les ennemis :
- le sucre : il est transformé en acide lactique par les bactéries et favorise ainsi les caries.
- le tabac, l'alcool, le café qui jaunissent les dents.
- les drogues qui fragilisent les dents.

Surprenant, non ?
Sais-tu qu'un problème dentaire peut être lié à l'émergence de douleurs dans d'autres parties du corps ? Lorsqu'un sportif souffre d'un genou, son entraîneur l'envoie avant toute chose passer un contrôle dentaire.

Ailleurs :
Les japonais apprécient les dents irrégulièrement placées. C'est mignon...
En Inde et en Afrique, la noix de bétel donne un sourire rouge à qui en consomme.

Avant :
- Dans l'antiquité, l'homme utilisait de petits morceaux de bois, des épines et même des plumes pour se nettoyer les dents.

- Avant le XIII ième siècle, la chirurgie dentaire était l'apanage des barbiers et occasionnellement des... forgerons !

- 1780 : première production en série de brosses à dents.

- Jusqu'au XVIII ième, les charlatans, précurseurs des dentistes, étaient des bonimenteurs qui vendaient des élixirs et arrachaient les dents soi-disant sans douleur. Ils officiaient sur les places publiques, les foires, et attiraient le badeau avec un simulacre d'extraction sur un complice. Ils représentaient l'ultime recours en cas de douleurs trop violentes. Un vacarme de tambours et trompettes couvraient les cris des candidats d'où l'expression : "mentir comme un arracheur de dents". Et quand une infection s'ensuivait, le charlatan n'était plus là pour en assumer la responsabilité...

- Dans les années 1920, en raison d'une mauvaise hygiène et d'une alimentation carencée, nombre d'adultes n'avaient plus de dents dès 30 ans.
- Le brossage des dents, rendu obligatoire pour les militaires pendant le conflit de la seconde guerre mondiale a permis à cette mesure d'hygiène de se répandre dans la population.

Actuellement :
En occident, 7 % des jeunes de 17 ans ont déjà perdu au moins une dent tandis que les plus de 50 ans en ont perdu 12 en moyenne !

Trop, c'est trop !
Les animateurs et les présentateurs TV ont l'obligation d'afficher un sourire parfait. Pour répondre à cette tyrannie de l'image, ils n'hésitent pas à faire placer des facettes sur leurs dents irrémédiablement mutilées.

Les progrès de la science :
- Des expériences ont montré que plus on mastique, plus on renforce la vitalité de nos dents. Dans l' intérêt des enfants, il faut donc donner dès le plus jeune âge des aliments fermes à mâcher.
- A Marseille, l'équipe du Dr About a mis en évidence la particularité des dents de sagesse qui conservent des cellules souches embryonnaires. Ses travaux permettent d'activer ces cellules pour donner matière à réparer des caries sur les autres dents.
A court terme, il ne sera plus nécessaire de dévitaliser des dents. Quels progrès !

Comment comprends-tu l'expression :
"mal de dent, mal d'amour" ?

Anecdote :
A François Ier qui souffrait de terribles "migraines de dents", comme remède, il lui fut prescrit de se tondre les cheveux !

Dans l'antiquité :
Pline né en 23 après J.C. pensait qu'on pouvait connaître l'avenir de quelqu'un selon la morpologie de ses dents. Ainsi selon lui, une femme avec une double canine droite supérieure était protégée des dieux, un nouveau-né avec une dent deviendrait illustre si c'était un garçon, ou aurait tous les malheurs si c'était une fille. Pour combattre les caries, il conseillait des gargarismes d'urine. Il les soignait en les remplissant d'un mélange d'excréments de souris et de foie de lézard, le tout recouvert de cire ! (L'art dentaire à travers les âges. Dr Christine Lalanne)

TON IMAGE

HALEINE DE CHACAL, AMIS EN CAVALE

Surveiller ton haleine t'évitera de mettre mal à l'aise ton interlocuteur qui, par politesse, feindra le naturel et sera moins concentré sur votre conversation.

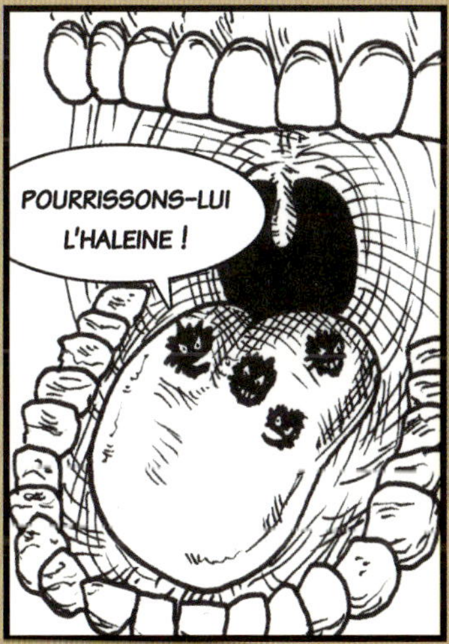

Mécanisme :
Dans 85 à 90 % des cas la cause de la mauvaine haleine est la présence de bactéries dans la bouche et sur la langue. Selon une étude, bien se brosser la langue permettrait de réduire de 50 % la mauvaise haleine.

Les tueurs d'haleine à réserver à tes ennemis :
- l'ail
- l'oignon
- la sardine.

Ils sont pourtant excellents à la santé !

Question :
Pourquoi avons-nous une haleine difficile au réveil ?
Parce qu'on salive moins la nuit. Tout ce qui concourt à dessécher notre bouche favorise la mauvaise haleine. Il faut donc boire. La faim ou avaler de la nourriture sans la mâcher suffisamment produisent le même effet.

Une mauvaise haleine récurrente :
Elle s'appelle halitose et révèle un problème de santé.
Peut-être :
- un foie malade ou fragile
- un excès de consommation de tabac ou d'alcool ou de café,
- une mauvaise hygiène buccale ou des caries,
- une infection des zones nez-gorge-oreilles, etc...

Si tu es dans ce cas, il vaut mieux consulter médecin et dentiste.
En attendant, surveille ton alimentation et brosse-toi les dents après chaque repas.
Masque aussi ton haleine en suçant des pastilles de menthe ou de réglisse et bien sur, garde une distance raisonnable de ton interlocuteur.

Depuis toujours :
L'homme a eu, de tout temps, le souci de garder bonne haleine. Ainsi, à l'époque romaine on plaçait sous la langue une feuille de myrthe, on se rinçait la bouche avec du vin additionné de roses sèches, on mâchait de la verveine, de la jusquiame, du plantain.
Au château de Versailles, la cour du roi masquait sa mauvaise haleine avec des plantes aromatiques comme la cannelle, le clou de girofle, la menthe, la fleur de lavande ou le thym.

Pense aussi :
Tu peux être porteur d'odeurs par tes vêtements ou ta chevelure. Après avoir mangé des frites ou du poisson, tu es imprégné de leur odeur. Pas terrible comme parfum...

En médecine :
L'analyse de l'haleine peut servir à déterminer le diagnostic. On fait la différence entre une haleine fruitée, d'acétone, de foie cru... Elle permet aussi de définir le taux d'alcoolémie de quelqu'un. C'est l'alcootest !

Des chiffres :
D'après la société suisse d'odonto-stomatologie, une personne sur 20 est affectée d'halitose, et 1/3 de la population souffre ponctuellement de mauvaise haleine.

Un appareil nouveau :
Il existe un testeur d'haleine qui a la taille d'un briquet et qui nous indique 5 secondes après qu'on ait soufflé dans un récepteur, si on est embrassable (3 coeurs), fréquentable (2 cœurs), juste approchable (1 cœur) ou à fuir (1 cœur noir).

Expression :
"Tenir en haleine" signifie maintenir l'attention et l'intérêt de son auditoire, spectateurs ou lecteurs...le regard rivé sur le conteur, la bouche entrouverte et la respiration courte.

Piercing de la langue : prudence !
Le piercing de la langue et des zones qui entourent la bouche présente de sérieux risques d'infection car elles sont très fragiles et contiennent déjà naturellement des bactéries. La cicatrisation dure plus longtemps. Le bijou modifie parfois la parole, la capacité de mastication et de déglutition.
Si tu es malgré tout tenté, ne t'adresse qu'à un professionnel et exige que le matériel soit désinfecté en autoclave, avant l'insertion. Ne deviens pas une victime de la mode. D'autres zones du corps présentent moins de risques.

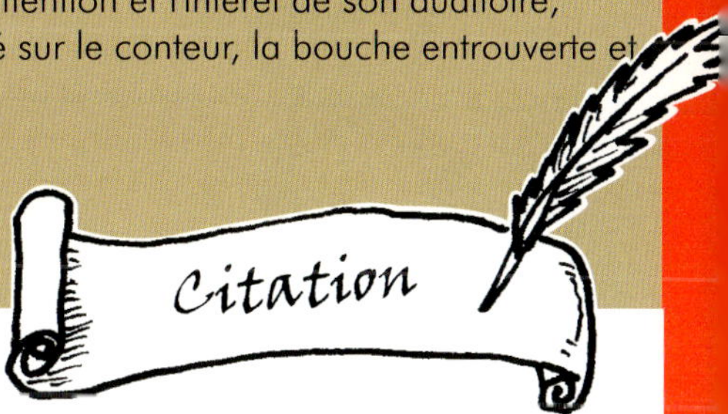

Que penses-tu de cette citation ?

« Nos défauts sont comme nos odeurs; il n'y a que les autres qui s'en aperçoivent. »

- Balzac -

MAINTIEN OU MOLLESSE ?

Pourquoi travailler sa position ?
Se tenir droit, sans raideur, renvoie une image d'aisance naturelle et de confiance en soi qui inspire à autrui un certain respect. La relation sociale se trouve facilitée. Par ricochet, de bonnes relations avec les autres améliorent l'image que nous avons de nous-même et renforcent notre propre assurance.
Sur le plan physique, avoir une bonne position libère la cage thoracique, facilite la respiration abdominale et nous permet de mieux placer notre voix, de parler longtemps sans forcer.

Petit jeu :
Ferme les yeux et imagine la démarche d'un paresseux, puis d'un entreprenant, d'un distrait, d'un pédant et enfin d'un envieux. Notre démarche ne trahit-elle pas notre caractère ?

LA MÉTHODE :

Exerce-toi devant un miroir. C'est indispensable.
Tout d'abord, il faut garder le buste droit mais sans excès. Pour trouver le juste milieu, aide-toi de cette image : tu portes un pendentif très joli et tu souhaites que tout le monde puisse le voir. Tu redresses donc le centre de ta poitrine.
Ensuite, tu portes attention à ta démarche : traînante, tu donnes l'impression de manquer d'énergie et de dynamisme, saccadée, tu laisses supposer une rigidité mentale et de l'angoisse.

Là encore tu dois trouver le juste équilibre : un pas léger, précis, au plus proche du naturel, avec des épaules et des bras souples sans être tombants, ni ballants. Ce n'est pas ton genou qui entraîne le mouvement mais bien la pointe de tes pieds, ce qui rend l'ensemble de ta jambe tonique. Pense aussi à la façon de poser ton pied : droit, en réglant la longueur du pas pour que ce ne soit pas le seul talon qui touche le sol en premier ! L'ensemble de ton pied se pose presque en même temps, à plat.
Quand tu trouves ta bonne démarche, ton bassin et tes hanches adoptent automatiquement le bon mouvement souple et naturel.

A éviter :
- Ne tortille pas du postérieur, cela fait vulgaire.
- Pour une fille, si tu mets les mains dans les poches, tu adoptes un style très masculin.
- Ne regarde pas tes pieds en marchant mais devant toi. Tu rends ta démarche naturelle.
- Ne marche pas les pieds écartés, c'est très disgracieux. (Pensez-y messieurs !)

- Ne balance pas les bras, tu ne pratiques pas un exercice militaire. Garde plus de retenue.
- En station debout, certes épuisante, ne danse pas d'une jambe sur l'autre mais fais plutôt quelques petits pas pour te soulager.
- N'écarte pas exagérément les coudes ou les doigts, cela retient inutilement le regard.
- Ne donne pas l'impression de "marcher sur des œufs", tu fais élève qui expérimente sa leçon et tu perds toute aisance.
- Ne penche pas la tête, ni en avant car ton dos compense en s'arrondissant, ni sur le côté comme si ta vue était gênée par un mèche de cheveux.

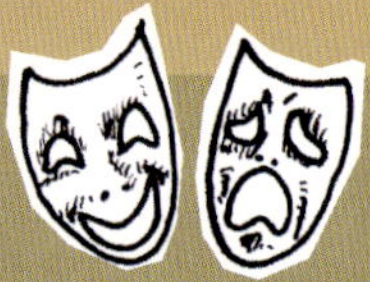

L'art oratoire :
Dans les métiers de comédien, d'avocat, de chanteur ou encore d'homme politique, où il faut s'exprimer avec aisance, la recherche d'une bonne position est primordiale et fait l'objet d'un apprentissage. Faire face à un groupe ou une foule, c'est déjà avoir une très forte présence physique, être solide sur ses jambes, réactif et enthousiaste.

La démarche du mannequin :
Le mannequin suit une ligne droite imaginaire et pose à chaque pas son pied dessus, en relevant le genou un peu plus haut que naturel. C'est le mouvement de la marche mais très accentué qui permet de mettre en valeur le vêtement le temps du défilé.

Le sport favorise le maintien.
La pratique du sport permet d'avoir une meilleure conscience de son corps, et lui donne une tonicité naturelle qui transparait dans la démarche. Elle aide mais n'enlève pas pour autant tous les défauts à corriger. A l'inverse, la pratique intensive de certains sports comme l'haltérophilie donne une telle masse musculaire que la démarche de l'athlète doit s'adapter au physique.

Mauvaise posture et maux de dos :

Le mal de dos est devenu la maladie du siècle : 8 français sur 10 en souffrent ou en souffriront dans leur vie ! Les femmes sont plus concernées que les hommes et les fumeurs plus que les non-fumeurs. Le mal de dos se traduit, entre autres, par le torticolis, l'attitude scoliotique (colonne en S), la cyphose (arrondi exagéré au niveau des épaules comme un ado qui manque de confiance en lui), ou la lordose qui est une cambrure exagérée du creux des reins.

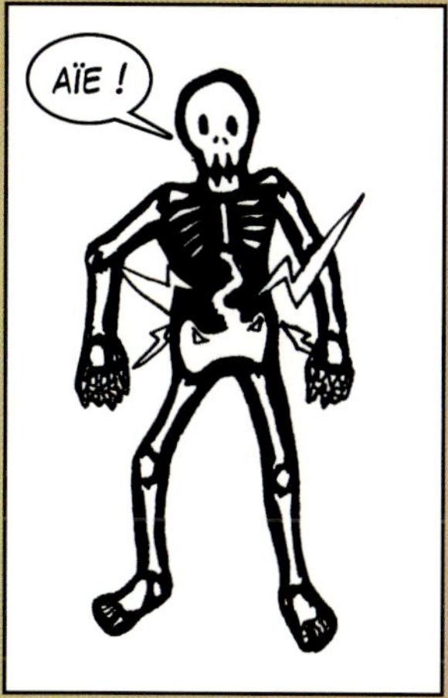

Une mauvaise posture est un facteur de ces déséquilibres, dans les cas suivants par exemple :
- port de cartables trop lourds et trop longtemps,
- port prolongé de chaussures à talons supérieurs à 3 cm,
- position assise avachie ou siège non adapté,
- mauvais mouvements pour soulever des charges.

Ta colonne vertébrale est ton capital vital. Tu peux la préserver avec des gestes simples :
Un garçon alternera son portefeuille de poche et ne s'assiéra pas dessus,
Une fille limitera le temps durant lequel elle portera des talons hauts,
Tous deux penseront qu'un sac à dos doit changer souvent d'épaule et qu'être assis sans être avachi a le double avantage de soulager le dos et de donner une image dynamique !

Petits trucs à savoir :
- Descendre de voiture pour une fille : commence par sortir les deux jambes en même temps, parallèles, puis le buste, sans marquer d'effort.
- Descendre des escaliers : apprends à donner l'impression que tu ignores cette difficulté, ne regarde pas tes pieds mais devant toi. Auparavant, visualise mentalement les marches et descend-les de face, la pointe du pied tendue.
Ne laisse pas tomber le poids de ton corps sur la marche, garde de la légèreté et de la tonicité.
De même à la montée !

Histoire et étiquette :
Aux siècles passés, dans les grandes cours européennes, l'éducation des jeunes nobles comprenait des cours de maintien dispensés à domicile par des précepteurs. L'étiquette était si contraignante que le moindre faux pas pouvait ridiculiser ou pire, exclure.

Les petits pas des femmes chinoises :
La tradition chinoise valorisait les pieds menus et du XX ième siècle jusqu'à son interdiction en 1949, pour limiter leur croissance, on bandait les pieds des jeunes filles dès leur 4 ans. La taille idéale espérée était de 7,5 cm ! La sensibilité extrême des membres obligeait les femmes à se déplacer à pas mesurés et les cantonnait aux tâches domestiques simples. Les femmes mandchoues qui n'avaient pas les pieds bandés, imitaient la fameuse démarche du ''pied lotus'' tant prisée en portant des chaussures surélevées.

HABITER SES VÊTEMENTS

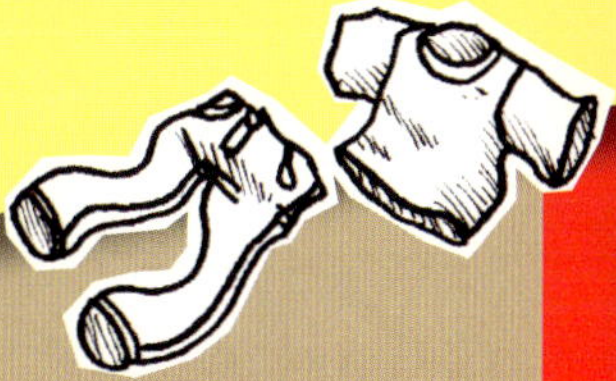

On ne choisit pas ses vêtements au hasard ! Notre style vestimentaire est en quelque sorte le prolongement de notre personnalité. Il traduit nos goûts mais aussi notre timidité, notre besoin de reconnaissance... Notre apparence n'est donc pas aussi futile qu'on pourrait le penser car elle participe à notre identité, révèle aux autres notre tempérament et notre mode de vie. Elle est en fait une façon de communiquer avec autrui. Refuser d'adopter un style est aussi une façon d'en avoir un, appelé "no logo".

Le principe :
Il te faut habiter ton vêtement, de façon à ce qu' il souligne ton caractère, te mette en valeur...et se fasse oublier.

Conseils :

1- En toute circonstance, adapte tes vêtements :
- au lieu : bord de mer, lieu de prière, travail...
  au moment : journée, soirée, hiver, été.. .
- aux circonstances : fête entre amis, enterrement, rencontre sportive...
- à ton âge : 15 ou 60 ans...
- à ton physique : grand ou petit, maigre ou épanoui...
- à tes goûts et à ta personnalité : exubérante ou réservée...

2- Applique la règle des "trop". Ne porte pas de vêtement dans lequel tu te sens **trop** mal à l'aise. Cela indique qu'il ne te correspond pas et se sentira. On aura l'impression que c'est lui qui te porte. Peut-être que, plus tard, tu l'habiteras mieux. Évite également tout vêtement dans lequel tu te sens **trop** à l'aise. Sans doute est-il trop mou, sans tenue. Il faut le garder pour chez toi.

3- Crée des harmonies discrètes de couleurs, de matières.

4- Personnalise ta tenue avec un accessoire qui te rendra original(e) : ceinture, foulard, écharpe, chapeau, bijou fantaisie, sac à main...

A bannir :

- le pantalon trop moulant,
- les sous-vêtements qui marquent et cassent la silhouette,
- tout vêtement taché ou troué (sauf si c'est la mode),
- les ensembles collant/nu-pieds ou sandales/socquettes.

Ne pas confondre sensualité et vulgarité :

La sensualité suggère, met en valeur des épaules ou une poitrine par exemple. Elle fait appel à l'imagination des autres mais elle ne dévoile pas. Elle éveille l'intérêt. Elle impose le respect et suscite de la délicatesse.

La vulgarité expose au regard de tous et joue la provocation. Elle fait appel au côté animal de l'humain et lui donne le sentiment qu'il peut disposer en toute impunité. Elle engendre l'irrespect, voire la violence.

Styles et marques :

Voici quelques styles : lolita, gothic, glisse, rasta... En connais-tu d'autres ?

Porter une marque permet de s'identifier à un groupe et de bénéficier de son prestige. Cela donne l'assurance de ne pas commettre de faute de goût mais enlève toute originalité.

Pour un adolescent en âge d'opérer un détachement d'avec sa famille, la marque apparaît comme une tribu à laquelle il adhère et qui le sécurise. Mais attention, il ne faut pas que ce besoin devienne un piège, une exigence. Les grandes marques emploient des techniques marketing redoutablement efficaces pour fidéliser leurs clients et vendre toujours plus. Elles créent de la dépendance. Ne deviens pas leur esclave ! Veille à rester toi-même et à ne pas accepter de te faire manipuler.

Des blouses ?
Pour lutter contre la tyrannie des marques, le sujet du port obligatoire de la blouse aux collèges et lycées, refait régulièrement surface. Dans une enquête de l'union des familles en Europe, il apparaît que 66 % des collégiens garçons sont contre le port de la blouse au collège. Pourtant, ce sont eux qui craignent le plus la mise à l'écart du groupe s'ils ne portent pas de vêtements de marque.
Sais-tu qu'au Royaume uni et en Irlande la majorité des écoles publiques imposent l'uniforme ?

La contrainte de la mode :
Du XVI ième au début du XX ième siècle, le port du corset était incontournable pour toute jeune fille ou femme de bonne société. Il modelait le buste pour maintenir la poitrine mais surtout pour affiner la taille car c'était la partie du corps la plus regardée par les messieurs. Il fermait par un laçage tellement serré dans le dos qu'il laissait à peine respirer ! Il fut oublié quand la mode vint au naturel et quand les femmes furent enfin autorisées à disposer d'elles-mêmes.

De 1940 à 42, un style pour défier l'autorité :
Pendant l'occupation allemande et sous le gouvernement de Vichy, de jeunes parisiens ont affiché leur opposition et leur non-conformisme en adoptant un style vestimentaire d'inspiration anglaise et en écoutant essentiellement du jazz alors que tout ce qui venait d'Amérique était interdit. Pour montrer à l'occupant qu'ils ne le craignaient pas, ils tournaient tout en dérision et affichaient de la futilité. Ils portaient des vêtements à carreaux, très longs, avec de nombreuses poches, rabats, martingales quand le tissu était rationné, des cheveux longs alors que les cheveux étaient récupérés chez les coiffeurs pour la confection des pantoufles, et un parapluie par tout temps. Déclarés jeunesse décadente, ils furent arrêtés, tabassés, rasés, envoyés faire les moissons ou en rééducation, ou encore au camp de Drancy !

Ailleurs :
Au Japon, il existe un phénomène de mode de rue très spectaculaire. Les jeunes qui adoptent le style manga portent des reproductions d'uniformes de leur héros préféré. Le style fruit ou pink s'exprime par le port de tenues hautes en couleur et excentriques. Les tenues blanches ou noires avec beaucoup de dentelles sont la marque du style gothic lolita tandis que les vêtements qui expriment un retour à l'enfance appartiennent au style sweet lolita. Tous rivalisent de créativité et d'originalité et laissent les touristes pantois.

Les agences de relooking :
Elles étudient la morphologie de chacun de leurs clients, son style actuel, et lui proposent un nouveau style adapté à sa personnalité et à son besoin de changement. Elles gèrent également l'image de nombreuses vedettes télévisées.

Et l'élégance ?
Brummel disait «la véritable élégance consiste à ne pas se faire remarquer.» Elle est effectivement l'expression du raffinement et de la discrétion. Elle se caractérise par une aisance naturelle du corps et des mouvements, une sorte d'harmonie parfaite et de légèreté qui distingue une personne parmi d'autres.

Le jeu des différences :
Quelle différence y a-t-il entre guenille et harde ? Toutes deux sont très usagées mais la guenille est en plus sale.
Entre loque et oripeau ? La loque est un vêtement vieux et très abimé, tandis que l'oripeau, usé, a néanmoins conservé un reste de splendeur.

LE DOUBLÉ : CRACHER ET ÉCOEURER

Par souci d'hygiène publique, je ne crache pas dans les espaces publics car les sécrétions que j'expulse sont contagieuses. Elles sont transportées par les semelles, les roues de poussettes, de rollers ou de vélo. C'est donc irrespectueux pour les autres. Pourquoi ne pas cracher dans un mouchoir à jeter... à la poubelle bien sur ?

J'écœure nombre de mes congénères quand je crache. Cela n'aide pas à entrer en relation... Je leur donne la preuve que, soit par ignorance ou pire par égoïsme, l'intérêt des autres m'indiffère.

Histoire du crachat :
Dans son manuel du savoir vivre à l'usage des enfants, publié en 1530, Erasme conseille de ne pas cracher sur la table mais par terre !
C'est Pasteur qui, par ses travaux à la fin du XIX ième siècle, met en évidence la responsabilité du crachat dans de nombreuses maladies graves dont la tuberculose. Dès lors alertés, les pouvoirs publics vont lancer des campagnes d'information pour supprimer ce fléau. Ils iront jusqu'à une interdiction totale.

Aux USA, les saloons du XIX ième siècle sont équipés de crachoirs. Durant l'épidémie de grippe espagnole, on utilise des crachoirs portatifs dans les pays occidentaux. Cela permet de cracher tout en préservant l'hygiène. En France, la pratique le la chique aggrave le phénomène du crachat. Beaucoup d'hommes d'alors chiquent : ils coincent du tabac entre les dents et la joue, et crachent régulièrement une substance noire et goudronneuse formée par le contact du tabac et de la salive. L'habitude de cracher se perd pourtant dans les années 1960. Les dernières panneaux d'interdiction sous peine d'amende sont retirés des lieux publics.
Mais à la faveur du brassage de population et de l'arrivée d'une population non informée, elle réapparait dans les années 70 ... coïncidence, avec le retour de la tuberculose !

Aujourd'hui, le crachat est plutôt perçu comme émanant de "non-civilisés" ou de fumeurs, de sportifs ou encore de personnes souffrant de maladies respiratoires si on en croit Monestier, auteur de l' ouvrage "le crachat" paru en 2005.

Des chiffres :
60 % des jeunes auraient adopté cette habitude toujours condamnable au regard de la loi. Une des causes en serait l'imitation des joueurs de foot lors de la retransmission de matchs à la télévision. Soucieux de la santé de la population, des maires engagent actuellement une lutte contre ces comportements indélicats et enjoignent les sportifs à avoir une attitude exemplaire lors des matchs. La présidence française de football a été saisie pour agir et punir le cracheur d'un carton jaune.

A Shangaï :
Pour accueillir les jeux olympiques en 2008 et donner une bonne image de leur pays, les autorités chinoises ont essayé d'enrayer l'habitude qu'ont les chinois d'expulser tout ce qui les encombre. La croyance populaire veut qu'un raclement de gorge profond et bruyant suivi d'un crachat permette de rejeter ce qui pollue l'organisme. Cette habitude est donc extrêmement répandue. D'immenses campagnes d'information ont été lancées. Cracher est devenu un délit lourdement verbalisé. Le temps aidera à modifier croyances et comportements.

Médecine :
De récentes recherches prouvent que le virus causant le SRAS peut vivre plusieurs dizaines d'heures sur un matériau et encore plus longtemps dans le crachat et les excréments.

Dans la langue française :
Le crachat est associé au mépris porté à autrui. On "crache sa bile ou son venin" pour évacuer sa rancœur, on "crache sur quelqu'un" pour l'insulter ou l'outrager, on "crache le morceau" pour avouer quelque chose, ou encore on "crache dans la soupe" pour dénigrer ce dont on tire avantage.

TON IMAGE

CHEWING-GUM-GUM-GUM

Le chewing gum crée l'automatisme de la mastication, ce qui n'est pas à l'avantage de son propriétaire : il lui donne un petit côté ruminant déplaisant et laisse filtrer à son insu des sonorités caractéristiques. Où est le pilote dans l'avion ?
Dans une conversation, tu donnes alors le sentiment de ne pas être intéressé, ni vraiment concentré. Les autres ont plus de distance avec toi et deviennent plus critiques par rapport à ce que tu peux dire... C'est humain.

Avantage :
Le chewing gum rafraîchit l'haleine et renforce les gencives en les sollicitant davantage.

Et inconvénients...
Il contient peu d'éléments naturels. Il peut être composé d'une centaine d'ingrédients chimiques différents !
De plus, il entraîne une sécrétion excessive de salive déglutie en même temps que l'air et peut provoquer des troubles digestifs tels que ballonnements et flatulences.

Des chiffres :
Le chewing gum met 5 ans à disparaître dans la nature.
La France est le deuxième consommateur au monde avec 5,5 chewing gums par personne et par semaine, ou 490 g par an contre 600 aux États-unis.

COMPOSITION DU CHEWING GUM :
Isomalt, sorbitol, gomme de base, maltitol, mannitol, humectant E422, arômes, xylitol, colorant E171, édulcorants aspartame et acésulfame, agent d'enrobage : E903
Protéine, Glucides 73g
Lipide 0.5g

S'en séparer :

Un seul endroit : la poubelle ! Ne le jette surtout pas au sol, c'est devenu un fléau pour les rues piétonnes. Ne le colle pas non plus sous une table, que tu sois en classe, au café ou chez un ami . Des villes comme Besançon, soucieuse de réduire la pollution que représentent les chewing gum au sol, expérimentent des tableaux humoristiques. Elles invitent en représentant, par exemple, une cible multicolore, à coller les chewing gum au centre avec le commentaire «Et pan, dans le mille !».

Avant :

Les hommes du paléolithique consommaient déjà de la pâte à mâcher... végétale. 4000 ans avant J.C., les grecs mâchaient de la résine.

Ailleurs :

Le chewing gum est interdit à Singapour depuis 1992. Seuls ceux ayant des effets thérapeutiques sont autorisés. Il causait trop de dégâts : serrures, ascenseurs, boîtes aux lettres... Ils augmentaient considérablement les coûts de nettoyage en raison de sa résistance au sol, et endommageaient même le matériel d'entretien. Des recherches sont en cours pour obtenir un chewing gum composé de matières bio-dégradables. Au Royaume-Uni, le marché est estimé à 400 millions d'€ et son nettoyage : à la moitié !

La chasse aux idées fausses :

-Le chewing gum coupe- faim : faux. Au contraire, la sécrétion de salive qu'il provoque procure une sensation de faim. Il ne coupe donc pas l'appétit, ni ne fait maigrir.

- Avaler son chewing gum est dangeraux : faux. Il traverse l'appareil digestif puis est rejeté dans les selles quelques jours après.

Étude de 2011 :

Selon des chercheurs de l'université de New-York, l'effort de mastication favoriserait l'apport de sang supplémentaire au cerveau. La mémoire en profiterait en premier lieu. Pendant 15 à 20 secondes après la mastication nous serions plus intelligent (europe1.fr).

RADIN SUR LE SAVON, GÉNÉREUX POUR LES INFECTIONS

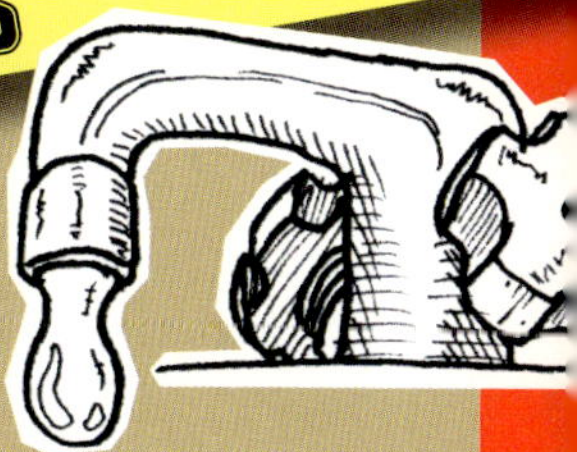

Au contact de tout ce qu'elles touchent, tes mains accumulent les germes, les micro-organismes, les éléments toxiques et les salissures que tu risques de déposer sur la nourriture que tu ingères. En te lavant les mains, tu réduits de façon significative le risque d'infections courantes. Les parasites comme les vers intestinaux pondent au niveau de l'anus des œufs invisibles à l'œil nu. Leur transmission est favorisée par une mauvaise hygiène des ongles et des mains que chacun porte inconsciemment à la bouche. Si tu remarques que quelqu'un n'a pas cette hygiène, comment ne pas être dégoûté quand il s'agit de lui serrer la main ! Le lavage des mains permet également d'évacuer toute odeur désagréable qui perturberait le goût des aliments.

Ailleurs :
D'autres peuples, les japonais par exemple, par souci d'hygiène, n'utilisent pas de papier de toilette mais se lavent immédiatement au savon et à l'eau grâce à une douchette spécifique installée dans les toilettes.

Quant aux africains, ils veillent à réserver à la main gauche la tâche du lavage corporel et à la main droite celle de porter les aliments à la bouche. Des fonctions qui ont l'intelligence de limiter les infections... et que tu n'oublies pas de respecter si tu es en voyage ou invité(e).

LE BON GESTE

Se laver les mains, ce n'est pas mouiller seulement le bout des doigts mais les deux mains jusqu'aux poignets puis faire longuement mousser partout le savon, y compris entre les doigts, se frotter les ongles et terminer par un rinçage complet.
Pour limiter la propagation d'une épidémie, les services sanitaires préconisent de compter entre trente secondes et une minute quand on se frotte les mains. Ainsi on laisse au savon le temps d'agir et de bien décoller les germes. Il ne tue pas les organismes mais crée une surface glissante qui permet de les évacuer avec le rinçage.

AS-TU REMARQUÉ QUE LE MÉDECIN SE LAVE MINUTIEUSEMENT LES MAINS APRÈS UNE AUSCULTATION ?

Dans cette même logique de prévention de transmission, le personnel des métiers de bouche, pâtissiers, bouchers, fromagers, poissonniers portent souvent des gants pour toucher leurs produits.

Histoire :
Au moyen-âge, le corner-l'eau donnait le signal à tous les convives de se laver les mains avant d'aller se placer à table. L'hygiène de l'époque, quoique rudimentaire imposait déjà le lavage des mains comme un geste essentiel et établissait un lien entre hygiène et santé.

En médecine, c'est Ignace-Philippe Semmelweis, qui démontra en 1847 l'utilité du lavage des mains après la dissection d'un cadavre et avant d'effectuer un accouchement (le taux de mortalité des mères chuta aussitôt de 18% à 1,3% !).
Cette habitude ne fut vraiment adoptée par la population qu'à l'arrivée de l'eau courante dans les habitations.

Un peu plus tard, le réfrigérateur, en évitant le développement exponentiel des germes sur les aliments est venu renforcer l'amélioration de l'hygiène. On assista alors à un net recul de la mortalité.

Des chiffres :
Le 15/10/2008 fut la première journée mondiale du lavage des mains, véritable enjeu de santé publique. Dans le monde 5500 enfants de moins de 5 ans meurent chaque année de maladies diarrhéiques. Un simple lavage des mains régulier permettrait de diminuer de moitié ce chiffre.

Pollution :
Le savon de Marseille dont le pouvoir nettoyant n'est plus à démontrer est fabriqué artisanalement avec de la soude et de l'huile d'olive (72 %). Son nom indique que sa fabrication respecte le procédé marseillais mais il peut être produit partout dans le monde. Le savon de base ne contient aucun additif, il est donc totalement biodégradable, d'où le regain d'intérêt dont il bénéficie.

BEURK !
Au cours d'une journée, notre main entre en contact indirect avec 15 pénis. (savoirs-inutiles.com)

Connais-tu l'expression «s'en laver les mains»?

TON IMAGE

LE DÉSORDRE DÉSAGRÉABLE DÉBORDE ET DÉSOLE !

Tu ne disposes librement que de tes espaces personnels, tu n'as pas le droit d' envahir les autres avec tes affaires. Dans les espaces collectifs que tu partages avec autrui, y compris ta famille, tes affaires ne doivent ni en empêcher, ni en limiter l'accès. Considère que tu n'es que de passage et efface tes traces pour que les suivants se sentent à l'aise.

La nature : un espace collectif.
La même règle prévaut pour la nature. Si par exemple, tu as eu l'énergie d'apporter des boissons pour un moment détente en pleine nature, tu en as aussi pour ramener les récipients, canettes vides jusqu'à une poubelle et la nature s'en portera mieux.

ÊTRE BON AU BASKET EST UN PLUS DANS CES MOMENTS-LÀ

Tu es responsable de tes déchets.

Les vêtements sales :
Ne les laisse jamais traîner. Dans ton espace privé, cela ne donne pas une image très positive de toi mais dans un espace collectif, c'est carrément dégoûtant et irrespectueux vis-à-vis des autres. Ton intimité ne concerne que toi, ne l'étale pas aux yeux et au nez d'autrui !
Le petit effort que tu fais à les ramasser est largement compensé par l'estime que tu gagnes chez les autres.

Où commence le désordre ?
Le processus commence par le réflexe de remettre le rangement à plus tard, puis ensuite, quand les choses se sont accumulées, il amène à ressentir un profond découragement face à l'ampleur de la tâche. Enfin, il oblige à renoncer à ranger et à accepter d'en subir tous les inconvénients.
Le désordonné ne s'appartient pas. Il ne mène pas sa vie, pas plus qu'il ne dispose de son temps, c'est son désordre qui le mène, avec sa cohorte de recherches infructueuses, de pertes, d'oublis, de désagréments... Quand les autres anticipent, lui est tourné vers le passé qui lui échappe.
Il manque tout simplement de méthode.

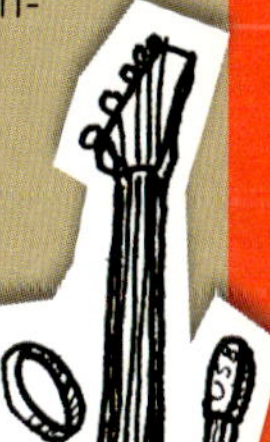

Pourquoi sommes-nous bordéliques ?

- Parfois pour nous donner des preuves de notre existence, nous sentir bien vivant (un peu comme si on craignait de mourir) mais c'est égocentrique. Quelle place laissons-nous aux autres ?
- Parce qu'on ne parvient pas toujours à dompter notre intérieur qui refuse inconsciemment d'accepter de devenir adulte et de se prendre en charge. On agit comme si nos parents allaient ranger derrière nous. Le désordre est alors selon la psychologue Maryse Vaillant " un signe de dépendance infantile" .
- Pour marquer notre territoire lorsque, inconsciemment, on refuse de laisser la place aux autres.

Si tu ouvres le dictionnaire, tu constateras que :

- au sens propre, on peut non seulement perdre connaissance, mais aussi sa respiration, l'haleine, la parole, l'espoir, la raison, la vue, contenance, la piste, l'occasion...
- au sens figuré, on perd la boule, les pédales, la boussole, pied, le fil, son latin, du terrain...

La richesse de notre vocabulaire a inspiré le poète Claude Roy (1915-1997) à écrire ''Cet enfant perd tout ce qu'il touche...''.
Et de nombreux artistes à nous offrir leurs perles :
''Ah, docteur, j'ai bien failli vous perdre !'' Sacha Guitry (dramaturge).
''Mieux vaut perdre sa montre que perdre son temps''. Jean Brassard (chanteur québécois).
''Quand on meurt, on perd le goût de la vie, quand on casse sa pipe, on perd le goût du tabac''. Henri Jeanson (écrivain 1900-1970).
''Sans pile, on perd la face''. Pierre Desproges (humouriste 1939-1988).
Ces procédés te donnent-ils envie de t'essayer à l'écriture ?

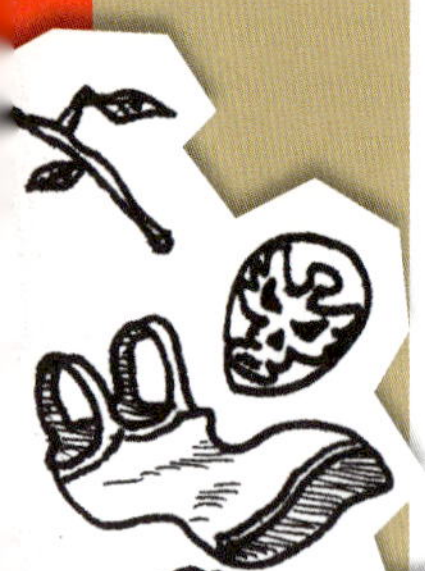

Citations

Que penses-tu de ces deux citations ?

Claudette Boucher a écrit :
"On ne peut pas être désordonné à l'extérieur et ordonné à l'intérieur".

Saint Exupéry a évoqué ainsi le désordre :
"Non un désordre d'abandon, mais le désordre intelligent qui marque une présence, et garde encore l'empreinte du mouvement".

Le bazar maladif :
La syllogomanie ou besoin compulsif d'accumuler des choses inutiles pousse le malade à tout récupérer parce que "Cela peut toujours servir. C'est comme neuf, il suffit juste de le réparer." Le malade se constitue un rempart psychologique contre l'angoisse, il comble un vide intérieur en accumulant des objets autour de lui. Il trouve ainsi une réassurance.
Il n'hésite pas à faire les poubelles et envahit petit à petit sa maison jusqu'au plafond, condamne même les éviers, baignoires et fours. il ne laisse parfois que des couloirs comme passage et vit dans l'insalubrité. Il se replie sur lui-même et s'isole de honte.
La syllogomanie fait éclater les familles. Elle concerne 3 à 5% des personnes aux U.S.A..

L'espace personnel, notion récente.
Les chambres d'enfants ne sont apparues qu'au début du XX ième siècle en France, après que les parents aient expérimenté leur propre chambre. Auparavant, les enfants partaient très jeunes en pension, le besoin n'existait pas ou dans les classes plus pauvres, toute la famille co-habitait dans la même pièce.
(Se reporter à la page 177 "La ruelle de lit")

Au XVII ET XVIII ième siècle, l'espace entre le mur et le lit, appelé "la ruelle" sert d'espace personnel pour qui en est le plus près.
L'intimité est aussi gardée par des rideaux de lit (lit à baldaquin) ou des lits clos.

LAISSER PROPRE DERRIÈRE SOI

Tu en as surement fait l'expérience : il est très désagréable d'utiliser un espace souillé par autrui. On n'ose plus rien toucher. On évolue en mesurant chacun de nos gestes, la mine dégoûtée… et on ne pense pas du bien de la **personne qui nous a précédé**, ni de son hygiène, pas plus de l'hygiène de l'établissement s'il s'agit d'un commerce.

Ne souffre pas de négligence vis-à-vis des autres. Tu donnes ainsi la preuve que tu les respectes (et que tu te respectes aussi). Ne pas les ignorer, c'est une façon de leur dire que tu peux être un partenaire fiable.
Là aussi, pense que les espaces partagés ne te sont personnels que le temps de leur utilisation et applique-toi à faire oublier les traces de ton passage aux suivants.

Les lieux ou objets sensibles :

★ Douche et salle de bain. Chaque utilisateur respectueux des autres, que ce soit en famille ou chez des amis, a le souci de rincer parois et receveur pour enlever les giclures de mousse, les cheveux tombés. Il met sa serviette à sécher et veille à ne pas laisser le lieu inondé…

les toilettes, haut lieu de désaccord familial, à juste titre ! Combien font l'objet d'affichage de rappels à l'ordre, plus ou moins péremptoires... Toute personne civilisée pensera déjà à tirer sa chasse, vérifiera ensuite le fond de la cuvette et utilisera si nécessaire le balai des toilettes. C'est la base que l'on apprend à tout enfant dès son plus jeune âge. Plus grand, on lui inculquera la délicatesse qui veut qu'on ne laisse traîner aucun papier au sol, qu'on remplace un rouleau terminé, qu'on vaporise du désodorisant ou qu'on aère avant de quitter le lieu.

Un garçon pensera qu'il a grandi et qu'il doit attendre d'être seul, porte fermée à clef, avant de commencer à se déshabiller et être complètement rhabillé avant de sortir. Nombreux sont ceux qui, involontairement, favorisent la précipitation au détriment de la décence !

Bien sur, il veillera également à bien viser et à enlever toute trace de débordement.

l'évier ou le bac. Placer tout de suite sa vaisselle sale dans le lave-vaisselle ou la laver à la main, permet au suivant de disposer librement de l'espace, de ne pas avoir à supporter la vue et l'odeur de vaisselle sale. Il est important de laisser la place nette de toute giclure. Un petit coup d'éponge et la trace de notre passage disparaît !

La poubelle. Quand la poubelle est pleine, l'égoïste ou le flemmard compte sur le suivant pour effectuer la corvée dont il veut se dispenser. Il la charge davantage, misant parfois sur des équilibres douteux mais ne la vide pas. Pour ne pas donner une telle preuve d'immaturité et de manque de solidarité, prends alors la peine de changer le sac pour le suivant. Si cela te dégoûte, pense que les autres ont la même répugnance et qu'en appliquant cette règle, la tâche est répartie de façon équitable entre tous.

la table. Un petit coup d'éponge aussi et la place est disponible pour qui arrive. Un détail qui compte... sinon le suivant est obligé de "faire sa place" en commençant pour enlever les miettes ou taches laissées... pas ragoûtant !

Les chaussures. Elles ont la particularité, d'une part de ramener dans un intérieur les microbes et salissures de la rue et d'autre part de laisser des traces qui ruinent la propreté d'un intérieur en quelques pas, surtout par temps humide ! C'est faire peu de cas des efforts le la ménagère ou du "ménager".
La moindre des délicatesses et du respect exige qu'on se déchausse en arrivant. La maîtresse de maison appréciera l'attention et indiquera si elle estime que ce n'est pas nécessaire.

Sais-tu qu'en Afrique, il est d'usage de se déchausser en arrivant dans un intérieur et que sinon on fait preuve d'une grande muflerie ? De même dans les restaurants au Japon ? L'application systématique de ces quelques règles simplifie considérablement le partage des lieux et améliore les relations des occupants. Pourquoi s'en priver ?

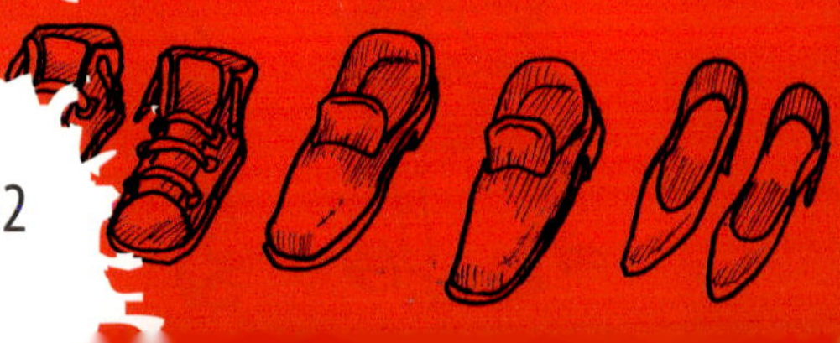

Si cendrier il y a, le vider et le nettoyer régulièrement dispense les autres d'avoir à supporter les odeurs de tabac froid. Rien que de plus normal.

À ne pas confondre avec "mal viser" :
D'après une enquête réalisée auprès de médecins généralistes, 3 millions de personnes, de tout âge et sexe souffrent d'incontinence urinaire et vivent parfois un enfer dont elles n'osent parler à personne de honte. Le sphincter ne fonctionne pas toujours bien et à la faveur d'un effort, d'un éternuement, d'une toux ou encore quand on a une urgence impérieuse d'uriner, les urines peuvent fuir de façon incontrôlée. L'essentiel est d'en parler à son médecin pour en déterminer la cause et suivre un traitement adapté.

LA TABLE

Haut lieu de convivialité

Partager un repas va bien bien au-delà de se nourrir. C'est un acte symbolique fort, de paix et de convivialité. On y parle à bâtons rompus, c'est là qu'on évoque le passé, qu'on débat d'un projet, qu'on y organise ses vacances, qu'on raconte sa journée. On crée une mémoire collective qui soude famille et amis. On s'y retrouve, on échange, on s'apaise, on se ressource.

Tout y prend plus de relief. On savoure la nourriture tout autant que la présence des proches.

Bien se tenir à table, se montrer disponible devient alors un gage d'attention et d'estime offert aux autres. À l'inverse, mal se tenir est ressenti comme de l'indifférence et du mépris.

Selon sa volonté, chacun peut en faire un moment de pur bonheur ou de gâchis absolu !

Gare au sabordage... Voici quelques règles pour t'en prémunir.

PRÉSENT !

Partager un repas avec ta famille, tes amis ou des inconnus, c'est du temps commun à utiliser ensemble le plus intelligemment possible. Le simple fait d'être placé dans une tablée signifie que tu acceptes tacitement l'échange verbal.
Le minimum est de sortir de toute forme d'isolement et de te rendre disponible pour la conversation.
Si tu désires manger seul, il te faut faire bande à part. Mais à table, tu es là, bien présent, prêt à parler, écouter, répondre, ressentir...

• Évidemment, des écouteurs, une lecture quelconque sont incompatibles avec la notion de convivialité. À oublier donc...

• De même pour le portable qui peut à tout moment déranger la tablée par sa sonnerie impromptue. Fais-le disparaître de la vue de tous, tu indiqueras ainsi que ta priorité va à ton entourage et que tu n'es pas assujetti à un appareil qui prend les messages !

• Si tu reçois des amis à table, pense aussi à éteindre la télé. Ce genre de fond sonore absorbe l'attention et brise toute tentative d'échange. C'est un tue-conversation. D'actif, chacun devient passif. Ne te semble-t-il pas surprenant d'écouter tous les malheurs du monde en mangeant et d'oublier le simple bonheur d'être réunis et rassasiés entre amis ?

• Tu dois également te rendre disponible par respect pour la personne qui s'est donné la peine de préparer à manger car si ton esprit est ailleurs, tu manges mécaniquement et tu oublies d'écouter tes sensations gustatives. Dans ce cas comment peux-tu faire honneur à ses plats ?

• Et enfin, libère ton esprit de ses préoccupations, rêves ou obsessions du moment. Accorde-toi une parenthèse dans le temps. Prendre un peu de recul t'aidera peut-être à trouver des solutions. Offre ta bonne humeur aux autres convives. De cette façon, tu participes à créer une ambiance chaleureuse.

PARTICIPER À L'AMBIANCE !

Qu'on soit deux, six ou dix, le repas est toujours un temps fort de convivialité. Chacun est sensé offrir aux autres le meilleur de sa présence et de son esprit. Une telle volonté commune transforme une minute de temps quelconque en soixante secondes de pur plaisir. La conversation crée un lien subtil et fédérateur entre les convives. Chacun a donc sa part d'engagement et de responsabilité dans une ambiance de table. Il se doit de participer et de contribuer à la bonne humeur générale. La pire des incorrections est de rester silencieux ! C'est un peu comme se placer au volant d'une voiture complète et refuser de conduire... attitude qui défie le bon sens et qui nie l'intérêt collectif. Les autres passagers n'ont pas d'autre alternative que de pousser le véhicule... et ils n'iront pas bien loin.
À table, la conversation se déroule dans la bienveillance et chacun y apporte sa contribution. Elle s'établit de façon équilibrée, entre personnes qui reconnaissent ne pas tout savoir et à l'esprit ouvert aux autres. Elle se nourrit des sujets d'intérêt de chacun et de plaisanteries respectueuses.
Elle participe à l'enrichissement intérieur de ses participants.

L'art de la conversation :

Pour aborder une conversation, il faut :

-Déjà dégager son esprit des tensions et soucis du quotidien. Faire entrer un peu de calme et de silence en soi, conditions d'une véritable écoute.

- N'avoir aucun objectif défini par avance. La conversation relève d'un simple intérêt gratuit pour les autres.

- Accepter de se laisser emmener dans une sorte de voyage collectif de l'esprit, se laisser aller à l'imprévu dans un climat de confiance.

- Exclure tout a-priori, tout jugement sur les participants,

- Mettre sa bonne humeur au service des autres pour transmettre des émotions positives.

- S'imposer une relative pudeur qui exclut tout déballage ou toute vantardise.

- Poser un regard bienveillant sur les autres participants pour les aider à enchaîner ou rebondir sur un autre sujet.

- Ouvrir son esprit ou son cœur, assuré de la discrétion de chacun.

La parole est un instrument magique, un outil puissant. Elle a la capacité de créer les rêves les plus beaux. La conversation fait en plus partager une part d'intimité de chacun. Elle aide à reconsidérer ses propres certitudes sous un autre jour et à séparer l'accessoire de l'essentiel, le douteux du certain. Elle définit des degrés de compréhension et apporte plaisir à celui qui en prend la mesure. Elle permet de faire des rencontres sous les meilleurs auspices, des rencontres lumineuses, des amitiés indéfectibles. Elle porte en elle l'ouverture aux autres, la finesse d'esprit et la sagesse.

Sa pratique se perfectionne par l'exercice.

LES ÉCUEILS À ÉVITER :

- Les sujets à polémique comme les opinions politiques, la religion, l'argent. Il ne s'agit pas de convaincre et de rester campé sur ses positions, ni d'étaler ses moyens financiers.
- Les reproches, les remarques désagréables cassent l'ambiance ou placent quelqu'un en situation délicate. Ce n'est ni le lieu ni le moment.
- Étaler ses différents pour un couple ou contredire brutalement quelqu'un relève du manque de délicatesse.
- Parler au négatif fait visualiser des choses éprouvantes qui attirent et piègent la bonne humeur d'une tablée. Idéal pour mettre le bourdon à tout le monde !
- Relever une erreur ou une faute de français est peu délicat, voire carrément grossier. On glisse... à autre chose.

-Parler à son seul voisin prive les autres de deux personnes à la fois. On s'adresse à tous même quand on répond à la question d'une personne. Il faut considérer que chacun s'exprime pour le groupe.

- Couper la parole signifie qu'on n'écoute pas mais qu'on cherche à placer quelque chose qui nous tient à cœur. Il s'agit pourtant d'un échange verbal qui se construit sur ce qui vient d'être dit, et non des monologues parallèles !
- Monopoliser la parole va souvent de pair avec égocentrisme et superficialité. À proscrire !
- Petit rappel : soit on parle, soit on mange mais pas les deux à la fois... pour éviter de postillonner sur les convives.

Le modèle français :
Le goût de la conversation naquit dans les premiers salons littéraires au XVII ième siècle. Ils portaient alors le nom de ''cercle'' ou ''société'' et réunissaient régulièrement chez un hôte, souvent une femme, les intellectuels de l'époque : écrivains, poètes, artistes, scientifiques. On y discutait et débattait de l'actualité. Madeleine de Scudéry, le baron d'Holbach, Juliette Récamier reçurent les plus grands de leur époque. Ce goût de la conversation était devenu une spécificité bien française et un modèle dans toute l'Europe.

Sens de la répartie ou esprit d'escalier ?
Le sens de la répartie ou sens de l'à propos permet de rebondir sur une phrase, une remarque, avec pertinence et humour, presque du tac au tac. On ne se bat pas avec les poings mais avec les mots : une joute verbale, avec divers degrés de finesse et au risque et plaisir des adversaires. Le sens de la répartie stimule le capital de sympathie de celui qui la profère et c'est un excellent moyen de sortir d'une situation embarrassante. Si certains semblent avoir des dispositions, cet art s'apprend aussi pour les autres.
L'expression ''L'esprit d'escalier'' nous vient de Diderot qui trouvait ses réponses une fois la tribune quittée, quand il était au pied de l'escalier. La majorité d'entre nous a besoin de beaucoup de temps pour savoir quoi répondre.

L'esprit plus lent laisse l'émotion le submerger, puis le stress bloquer les pensées. Cela crée un ''blanc''. Déception et colère contre soi s'enchainent quand on a enfin trouvé la répartie...
On progresse en arrêtant de se juger, de dire ''je ne sais pas faire'', en aiguisant son sens de l'observation et surtout en lâchant prise pour accepter d'improviser.

JOUTE VERBALE

Ailleurs :
En Belgique, avoir l'esprit d'escalier se dit "Rester la bouche pleine de dents" (Met de mond vol tandem staan),
Au Brésil "Avoir une étincelle de retard" (Ter/ser faisca atrasada)
En Grèce "Avoir la mèche trop longue" Il s'agit de la mèche de mise à feu. (Eho (ehi) makry fitili).
(expressio.fr)

Célèbres réparties :
De Georges Burns (comédien de vaudeville américain 1896-1996) questionné sur son âge : «Vous savez, je suis très très vieux. D'ailleurs quand j'étais petit la mer Morte n'était que malade.»
Du président Chirac, en réponse à l'insulte «connard» qui lui est adressée lors d'un bain de foule : «Enchanté, moi c'est Chirac.»
D'Edgar Faure (politicien français 1908-1988), à une belle dame qui lui demande pourquoi il la dévisage : «Je ne vous dévisage pas, je vous envisage.»

♥ Un moyen de séduction ♥ :
L'art de la conversation et l'esprit de répartie exercent un pouvoir fascinant sur autrui. Ils témoignent d'une intelligence vive et aiguisée. La beauté de l'esprit compense très largement le défaut de beauté physique. Avis aux amateurs, amatrices même beaux ou belles...

Actuellement :
Les médias se disputent les personnages au sens de la répartie confirmé, les radios se les arrachent. L'émission "les grosses têtes" perdure avec le même succès depuis 1977 ! Avoir de l'esprit permet parfois de faire carrière.

Dans les arts :
Le peintre Magritte travaillait les titres de ses toiles avec beaucoup de recherche. Plusieurs de ses peintures qui représentent un assemblage d'éléments et dans lequel on peut lire en capitales le mot "rêve" s'intitulent "L'art de la conversation".

Les matchs d'improvisation théâtrale :
Ils apparaissent en 1977 au Québec. Ils opposent deux équipes et laissent le public voter pour la meilleure performance.
Ils nécessitent des joueurs esprit de répartie, écoute, humilité et lâcher-prise. Voilà un excellent exercice pour pousser à la spontanéité !

Quel degré d'humour préfères-tu ?
- le 1er degré qui correspond à la compréhension simple et directe,
- le 2d qui se traduit par une lecture plus subtile ou intellectuelle jouant sur les références ?
Entre "ce que tu entends" ou "ce que tu comprends" ?

A TABLE

MAITRE DU TEMPS

Un bon moment à table, entouré de tes proches, ça s'apprécie, ça se déguste. Remplis chaque seconde de toutes tes sensations. Elles te porteront encore bien après. Plus le contexte du repas est chaleureux et familier, plus tu es capable d'apprécier les aliments, grâce à une meilleure écoute. Donc ouvre-toi et prends le temps de réconcilier plaisir, convivialité et santé.

Comment gérer le temps durant un repas ?

- Si tu es invité, attends que la maîtresse de maison t'indique ta place pour t'asseoir.
- Sers-toi à ton tour et ne commence ni à manger ni à boire avant elle. C'est elle qui donne le rythme de table. Il suffit de la suivre.
- Si tu déjeunes entre amis, attends que tout le monde soit servi pour commencer ton plat. Cette règle permet de ne pas en avoir un aux entrées quand d'autres en sont au dessert ! Les odeurs des plats se contrarieraient et nous ne pourriez commenter les saveurs ensemble.
- Mâche tranquillement ta bouchée, un morceau à la fois et respire pour développer les arômes, écoute ton corps, il t'envoie ses commentaires...
- Prends ton temps également pour boire, pas d'un trait, et apprécie.
- Pour te resservir, patiente. Le plat arrivera vers toi, rien ne sert de se précipiter, il repassera pour toute la tablée. C'est le moment de contrôler ta gourmandise. Il y a quelques années, l'usage voulait qu'on n'accepte de se resservir qu'à la seconde proposition, histoire de ne pas passer pour un glouton...
- Une table se quitte ensemble. Le premier attend le dernier. Il n'y a guère que les enfants qui sont autorisés par leurs parents à faire des pauses lors des repas un peu longs. Sinon il faut un impératif sérieux annoncé auparavant pour se soustraire à cette règle de convivialité.

La fourchette connectée :
Au salon high-tech CES 2013 de Las Vegas, un français fit le buzz avec une fourchette connectée. Elle envoie un signal d'alarme si le temps entre deux bouchées est inférieur à 10 secondes. Elle prend aussi en compte la durée du repas et le nombre total de coup de fourchette durant celui-ci. Selon son inventeur, on absorberait 10% d'aliments en moins en mangeant avec cette fourchette.

Les rituels de dégustation :

Ils aident les amateurs à découvrir un aliment dans les meilleures conditions.
On regarde puis hume un vin avant de le goûter à petites gorgées, un vrai amateur de café le boit sans sucre pour en apprécier tout l'arôme, le fromage se mange du plus doux au plus fort et du plus mou au plus dur. Il s'agit avant tout d'apprécier ce que nous mettons en bouche. Chocolat, miel, thé, pain, tomates, pommes présentent des variétés aux différences subtiles que seul un amateur attentif peut appréhender. Tester les différences éduque le goût.

Un second cerveau :

Nous aurions un deuxième cerveau au niveau de notre ventre. Des neurones tapissent notre intestin qui communique en permanence avec notre cerveau par voie nerveuse et sanguine. Il aurait la puissance du cerveau d'un chat. Il enverrait, entre autres, les signaux de satiété et participerait à la modulation de nos humeurs. (Arte 31/1/14)

La mastication intelligente, tout bénéfice !

T'es-tu déjà dit «Je mange trop vite.»? Si oui, voici quelques bonnes raisons pour changer d'habitude.
- En passant moins de temps à table notre mastication est devenue insuffisante. La salive produite par la mastication nettoie, élimine la plaque dentaire et protège l'émail par son effet antiacide. Manger des aliments croquants plutôt que mous (tendance actuelle) stimule nos gencives pour une bonne implantation dentaire.
- Manger sans assez mastiquer fait avaler de gros morceaux d'aliments et oblige l'estomac à finir le travail. Il produit alors plus de suc gastrique qui provoque des reflux gastriques, irrite la gorge et met l'émail dentaire à rude épreuve.
- Mastiquer permet de mieux digérer et d'éviter les ballonnements.
- Cela aide à apprécier les saveurs, à se faire plaisir avec des bouchées plus petites. À manger plus lentement, on prête plus attention au signal de satiété que nous envoie notre cerveau. Nous mangeons donc moins et notre ligne s'en ressent...
Au final voilà donc une façon de manger avec plaisir jusqu'à être rassasié, sans culpabilité ni peur de grossir.

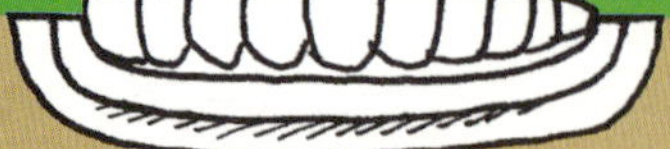

Formule originale :
Un restaurant parisien sert ses clients dans le noir. Les serveurs malvoyants présentent le plat. Privé de notre sens dominant, la vue, on découvre les goûts de façon très déroutante. Cela remet en question nos certitudes.

Préférences adolescentes :
En 2010, une étude d'ethnologues qui a observé 500 ados a conclu que ceux-ci préféraient de loin les textures croquantes, le cru et le croustillant. Est-ce ton cas ?

Fais-tu la différence ?
Une saveur peut être suave, musquée, veloutée, amère, acide, capiteuse, arômatique, fade, acerbe, acidulée, astringente, douceâtre, épicée, rance, savoureuse... Expérimente-les !

TROP, C'EST TROP :
On souffre d'orthorexie quand on se focalise trop sur notre alimentation sous le seul angle de la santé. C'est l'obsession de manger sain. En limitant de façon excessive son alimentation le malade finit par être carencé ! Il se prive surtout de la convivialité de la table et s'isole sur le plan social. Ce trouble anxieux touche 1 à 3% de la population. (selon Inserm)

Les odeurs appétentes :
De nombreux commerces alimentaires utilisent des odeurs artificielles pour caresser les narines de leurs clients et leur donner envie d'acheter. On sent bon la vanille dans une confiserie, le café devant un bar, la guimauve devant un marchand de bonbons. As-tu souvenir d'envies provoquées par une odeur ?

La malbouffe, apanage de la pauvreté ?

Un lien a été mis en évidence entre le niveau de revenus et l'obésité qui progresse. Elle touche 0,6% des enfants de cadres supérieurs contre 6,1% des enfants d'ouvriers. Le stress qui accompagne le manque de moyens participe au risque de prise de poids. Mais la consommation bio dépend plus du niveau d'études que des revenus. Pour réduire la malbouffe, il faut agir sur deux facteurs : l'éducation à la santé alimentaire et la réduction des inégalités. (Télérama n° 3345)

Le simple fait de limiter progressivement le sucre, le sel et la graisse fait retrouver et apprécier le vrai goût des aliments.

Le monde est fou :

À Melbourne en Australie, les restaurants éphémères et la livraison de pizzas par drone serait dépassée. Maintenant, on se nourrit à la volée : la restauration rapide utilise le parachute pour livrer sur une grande croix tracée au sol. Le règlement est effectué et le R.V. donné en ligne ! (Courrier international 7/5/14)

Pourquoi boire d'un trait ?

Jusqu'au milieu du XVI ième siècle, il n'y avait qu'un seul verre sur la table. La règle d'hygiène exigeait de le tenir avec trois doigts, de le vider d'un seul coup avant de le passer au suivant. (La table au moyen-âge de Valérie Jacob)

Le slow food :

Ce mouvement a été créé en 1980 en Italie pour contrer les fast food. Il prône une philosophie du plaisir de manger et défend la biodiversité alimentaire, la qualité locale contre le tout industrialisé. Il a pris maintenant une ampleur internationale. Son logo est un escargot noir sur fond blanc.
Le connais-tu ?

Citations

"Les français ont une telle façon gourmande d'évoquer la bonne chère qu'elle leur permet de faire entre les repas des festins de parole." Pierre Daninos (humoriste français 1913-2005)

"La gastronomie fait trembler d'intelligence nos narines." Charles Monselet (journaliste gastronomique 1825-1888)

CHACUN SON RÔLE, SA PLACE

La place à table symbolise la place sociale, elle fait l'enjeu d'une attention toute particulière lors des cérémonies comme les mariages ou les repas diplomatiques. Un présentoir cartonné au nom de l'invité lui indique sa place.
Plus simplement dans les familles, on peut considérer que la place du père ne doit rien au hasard, pas plus que celle des enfants et de la maîresse de maison... et que dire de celle du patriarche italien !
Pense aussi à celle de l'invité, celle de l'enfant qui fête son anniversaire. Et enfin celle du collégien ou du lycéen en classe : il n'y a guère de hasard. Quand ton esprit veut investir le moment (pour être attentif ou en découdre) tu te places de front, quand il se veut discret il t'oriente vers les places du fond en biais, ou vers la porte lorsque tu es pressé. La place que tu choisis parle aussi pour toi.
L'expérience des générations précédentes a permis de définir un code qui a le double avantage de mettre tout le monde d'accord et d'envisager tous les cas de figure. Il te sort des situations embarrassantes. Le suivre, l'appliquer te simplifie la vie.

Il suffisait d'y penser :
En 1470, pour la naissance de Charles VIII, on évita contestations et conflits au sujet de l'assignation des places, en utilisant des tables rondes pour les festins publics. À l'époque les tables étaient habituellement rectangulaires et utilisées d'un seul côté pour faciliter le service et la visibilité du spectacle donné.

Sous Louis XIV :
C'est le roi en personne qui décidait de la place de chacun lors des banquets. Selon l'importance qu'il donnait à ses invités, il les plaçait en mesure de converser directement avec 5 autres personnes, ou 4 ou seulement 2. De plus les meilleurs plats étaient placés au centre vers les meilleures places... double handicap pour certains. Le pouvoir se trouvait conforté par le protocole de table.

Faire honneur :
Le rituel du repas veut que tu fasses honneur, c'est à dire que tu marques la priorité à :
- La maîtresse de maison que tu salues en premier.
- Tes voisins de table. Accompagné d'un ''Je vous en prie'', tu leur tends la panière, tu tiens le plat pour qu'ils se servent avant toi, et tu remplis leur verre.
- Tes propres invités sont servis d'abord.
- En journée, ne mange pas un bonbon ou un chewing-gum sans en proposer à tes voisins.

Citation

"Convier quelqu'un, c'est se charger de son bonheur pendant tout le temps qu'il est sous notre toit." Brillat Savarin (gastronome français 1755-1826)

Selon le pays :
En France, un invité qui ouvre le frigo sans vergogne choque et commet une offense. Il viole en quelque sorte l'intimité de ses hôtes. Aux U.S.A. ce geste est perçu comme une marque de respect : l'invité ne prend pas son hôte pour son domestique.

SCEAU D'INVIOLABILITÉ

Sais-tu ?
Au moment de quitter ses hôtes, un invité n'ouvre jamais la porte lui-même, cette tâche incombe au maitre de maison. On le remercie le lendemain du bon moment passé en sa compagnie.

Est-ce que la galanterie est encore d'actualité ?
C'est un ensemble de petits gestes et d'attentions prévenantes d'un homme à l'égard d'une femme pour l'aider dans ses déplacements ou ses mouvements et pour lui témoigner du respect. Cela va de l'aide à porter un sac lourd, à retenir la porte, ouvrir une portière de voiture, régler une addition, offrir des fleurs, s'effacer à un passage.

La galanterie a connu un net recul à la période du féminisme qui revendiquait l'égalité des sexes. Mais d'après une enquête de l'internaute magazine de 2007, 55% des femmes y verraient maintenant une marque de respect, contre 41% une marque de séduction et 4% un archaïsme. Question: Une femme féministe se donne-t-elle le droit d'utiliser le mot mufle?

Au restaurant, selon l'usage

les maitre-mots sont délicatesse, attention, retenue qui se traduisent par :

Mr rentre en premier avant Mme, pour la protéger en cas de surprise désagréable.

Il l'aide à enlever son manteau.

Il tire légèrement sa chaise pour l'inviter à s'asseoir.

Il commande les vins, les teste en premier.

Il propose le choix du menu. Les grands restaurants disposent de cartes sans les prix.

Il règle l'addition discrètement sans commentaire.

Mme donne le signal de départ .

Mr précède Mme pour sortir.

A TABLE

S'ENTRAÎNER POUR LE CODE

La vigilance devient naturelle par son exercice et ne demande rapidement plus aucun effort. Bien au contraire, elle nous offre un certain confort en nous inscrivant dans un rituel sécurisant. Elle s'applique à notre corps dont nous maitrisons les aspects fantasques et à l'usage quasi-automatique du code commun.
Elle nous permet d'être accepté(e) partout, dans un échange bienveillant. L'effort de départ est vite oublié et mille fois compensé !
Elle dépend de notre seule volonté, demeure accessible absolument à tous.

Si je décide de travailler mon maintien :
J'indique ainsi à mon entourage que je maitrise mon corps. Je suis prévisible et sécurisant. Il n'a rien à craindre de moi.

Si j'utilise le code : Je signifie aux autres que je connais les usages, nous sommes du même groupe avec des intérêts communs à défendre. Je suis **avec** et non pas contre eux.

Petit mémo du maintien à table :

S'asseoir sans se laisser tomber, bien au fond de sa chaise, le dos droit, face à la table.

Une femme met un pied devant l'autre, s'appuie puis fléchit les genoux et s'installe tranquillement au fond de sa chaise. La plus élégante façon de se tenir assise ensuite est chevilles croisées, jambes parallèles légèrement inclinées, à la manière mannequin.

Pendant le repas, les poignets de chaque côté de son assiette offrent un port dégagé et une grande mobilité des bras sans gêner la vue des voisin directs.

Les couverts sont tenus avec trois doigts, le verre en sa partie bombée.

Je les porte à ma bouche sans baisser la tête, c'est la main qui monte et pivote pour placer la fourchette face à ma bouche.

Je ne porte jamais le couteau à ma bouche, pas plus que les couverts de service qui restent dans le plat.

Je me sers en proportion du nombre de convives, une tranche à la fois si le met est découpé.

Je soulève le couvert, c'est à dire sans faire glisser la nourriture du plat à l'assiette sinon j'en répands sur le bord extérieur du plat et le suivant se salira la main en le prenant.

Je marque un arrêt avec le couvert de service pour ne pas tacher la nappe.
Je maitrise les manifestations intempestives de mon corps : rots, ballonnements et bâillements, quitte à trouver une excuse pour m'éloigner un instant.
J'étouffe mes toussotements et éternuements dans le pli de mon coude, et non pas dans ma main pour éviter de transmettre des bactéries en serrant ensuite une main.
Je mange proprement et quand nécessaire je tapote mes lèvres avec ma serviette que je place pliée en deux sur mes genoux mais que je ne la plie jamais en quittant la table.
Je ne souffle jamais pour refroidir, je commence par la partie extérieure où la température baisse plus vite qu'au centre.
Je ne tends pas le bras sous le nez de mon voisin pour saisir le plat, je lui demande de bien vouloir le prendre pour moi.
Je mange sans bruit de mastication, en fermant la bouche.
Je n'aspire pas bruyamment mon potage.
Je ne parle que la bouche vide.
En fin de repas, je repose mes couverts parallèles dans mon assiette, sans les croiser.
S'il y en a plusieurs, j'utilise toujours les couverts les plus proches de mes mains. Pour le dessert, si j'ai le choix entre cuillère et fourchette, je privilégie la fourchette.
Je bois à petites gorgées.
Je goûte de tout et ne refuse jamais un plat.

Le code, petit mémo à compléter :
Je ne coupe pas les pâtes, je casse le pain.
Je n'aspire pas les spaghettis. Je les roule autour de ma fourchette.Je coupe ma viande au fur et à mesure.
Je ne sauce pas mon assiette, ni ne l'incline.
Je place les déchets sur le bord de mon assiette, pas sur la table.
Je plie ma salade, c'est plus élégant mais j'ai maintenant le droit de la couper. Si j'y trouve un intrus, je suis discret.
Je peux manger avec les doigts radis, asperges, chips, crevettes, coquillages, certains fruits.

Ailleurs :

- En Allemagne, chacun dispose d'une petite assiette à pain qui recueille toutes les miettes tandis qu'en France il est normal de laisser les miettes sur la table.
- Le rot au Magreb marque la satisfaction de l'invité qui a bien mangé. C'est un compliment pour la maîtresse de maison.
- En Afrique, on se sert avec les doigts dans un plat commun placé au centre. On réserve la main droite pour le repas (main pure) et la gauche "impure" pour la toilette intime. Surtout ne pas confondre, sinon écoeurement de la tablée garanti...
- En Chine, boire bruyamment sa soupe est signe qu'on apprécie.

Histoire :

Jusqu'à la fin des années 1600, on mangeait avec les doigts, les rares couverts étaient partagés, mais le couteau était personnel. Les couverts individuels ne sont adoptés qu'au XVIII ième siècle.
Les grands font graver leurs armoiries sur les manches en argent. On les place retournés pour rendre la gravure bien visible.
Jusqu'aux années 1780, les verres étaient réservés aux personnages importants lors des festins. Ils craignaient trop d'être empoisonnés pour disposer de verres sur la table. Les convives buvaient à tour de rôle dans le même verre.
La salle à manger n'apparut qu'à la fin du XVIII ième siècle pour limiter l'omniprésence des domestiques. Auparavant, pour chaque repas, on dressait la table dans une pièce choisie.

Chanson :
As-tu déjà entendu cette chanson de 1966 de Brel "Chez ces gens là" évoque de façon sensible une famille qui boit la soupe et "ça fait des chlurp"?

TOUT EST DANS LA MESURE

Les excès, quels qu'ils soient, marquent l'incapacité à dominer ses désirs ou ses émotions. Ils pointent la prédominance de soi et l'oubli des autres.
Tu risques de ruiner en un instant l'image que tu as mis du temps à forger. Tes amis garderont en mémoire la vision peu flatteuse que tu leur as donnée ce jour-là. Même des excuses ne les effaceront pas. Reconnais que ce serait dommage, et que tu n'aurais rien à y gagner. Replace toute tentation dans son contexte présent et éphémère et mets-la en perspective avec ton futur. Tu verras que le jeu n'en vaut pas la chandelle et tu te contrôleras.
Par ailleurs, tu as la chance d'être en bonne santé. Dans ce domaine là aussi, ton attitude présente engage ton avenir.
Vis toujours en regardant loin devant toi, de façon à n'avoir jamais rien à regretter. De plus, cela te donnera des forces et de la détermination pour évacuer toute tentation.

Les excès de la cour vers les années 1400 :

À la désapprobation générale, le roi Charles VII et sa cour mènent une vie d'excès. Ainsi en 1389, une fête de la chevalerie tourne en beuverie et orgies et se termine 4 jours plus tard. Ses sujets parlent de luxure, l'un des 7 péchés capitaux. En réaction émergent les bonnes manières qui mettent en œuvre les valeurs morales. A table, il faudra dorénavant contrôler sa gestuelle et son esprit, faire preuve d'éducation et ne plus se comporter comme des "vilains" (les paysans). Érasme pense qu'il faut éduquer en priorité les enfants et écrit en 1530 "la Civilité puérile" où il proscrit la promiscuité et l'exhibition de l'époque. Il prône la modération, l'attention aux autres, la discrétion et l'hygiène. Il sera une référence pour l'éducation des générations d'enfants qui suivront et jettera ainsi les bases du code de politesse actuel.

Manger comme un ogre :

• Sous Louis XIV, lors des fêtes, une cinquantaine de plats différents étaient amenés à la fois sur les tables. Cela s'appelait un service. Pour bien montrer sa puissance et impressionner ses potentiels ennemis, le roi est passé des 3 services traditionnels à 5 services et davantage, soit un total d'au moins 250 plats pour un festin !!!! La France connut sous son règne de 1634 à 1715, 80 ans de paix intérieure et de prospérité. Une tactique payante...

• Ouvert en 2011 à Las Vegas, un restaurant américain a pour slogan "leur goût vaut le coup de mourir". Il propose à sa clientèle les burgers les plus caloriques du monde, jusqu'à 9928 calories. Il s'appelle "Heart Attack grill" (crise cardiaque grill). Le plus fidèle client devient la mascotte de l'établissement. En février 2013, la troisième mascotte en trois ans est décédée d'une crise cardiaque... La seconde faisait 261 kilos avant de mourir d'une pneumonie !

• Le concours du plus gros mangeur du monde est détenu par un japonais, Takeru Kobayashi, qui s'est montré capable d'avaler 337 ailes de poulet en 30 minutes, 97 hamburgers en 8 minutes, 9 kg de boules de riz en 30 minutes.
Ça laisse songeur... Contentons-nous de nous servir une part qui tient compte du nombre de personnes à table de façon à ne léser personne, ou moins selon notre appétit.

Tabac et alcool, au risque de l'addiction :

La nocivité du tabac n'est plus à démontrer. L'ironie veut que nous payions pour nous détruire. L'alcool, lui, peut être considéré comme une drogue dure au moment de l'adolescence. Le corps est en pleine évolution, le cerveau également. Une prise d'alcool peut provoquer de sérieux dégâts et prédisposer à une dépendance future. L'excès n'a donc rien d'anodin.

Par ailleurs, les réseaux sociaux amplifient le phénomène de neknomination. Ce jeu est la cause de comas éthyliques fréquents. Il est dangereux à court terme mais peut-être aussi à long terme car les vidéos suivront leurs auteurs à l'âge adulte... et ils n'en auront pas la maîtrise...

Autre pays, autres mœurs : Dans le Kentucky aux U.S.A., tant qu'elle n'est pas à terre, une personne est considérée comme sobre ! (savoirs-inutiles.com)

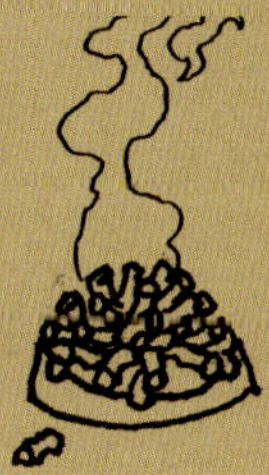

La force des expressions :

Manger comme un Gargantua.
Avoir les yeux plus grands que le ventre.
Avoir le gosier en pente.
Avoir le vin mauvais.

Gaspillage et respect de la nourriture :
Si Louis XIV estimait "qui ne gaspille pas n'est qu'un manant et un boutiquier", la mentalité a beaucoup évolué depuis. Il vaut mieux se servir deux fois de pain plutôt que d'en faire une réserve en début de repas et le jeter inutilement à la fin. On a tendance à surestimer notre appétit quand on a faim. S'imposer la patience et la mesure limite aussi notre prise de poids et garde notre appétit intact pour des aliments intéressants sur le plan diététique comme les légumes ou les crudités. On s'impose de finir notre assiettée.

Les cantines, en moyenne nationale, gaspillent entre 30 à 40% de la nourriture. Des expériences ont montré qu'il suffit de limiter le pain à 3 tranches par personne, pour qu'il n'apparaisse plus dans la poubelle.
En Europe, on gaspille 89 millions de tonnes de nourriture par an soit 179 kg par habitant !
Les ressources de la planète sont épuisables et ne suffisent pas à nourrir tout le monde. Jeter la nourriture peut être une forme d'indécence.

DES TROUBLES DU COMPORTEMENT ALIMENTAIRE :

- L'anorexie mentale touche dans 9 cas sur 10 des jeunes filles de 17 à 22 ans. Elle correspond à une privation volontaire de nourriture pour perdre du poids, pouvant entrainer la mort. Le malade a une image erronée de son corps et veut tout maitriser. Ce trouble est à prendre très au sérieux. La recherche de sa cause psychologique s'effectue auprès d'un médecin spécialiste.
- La boulimie agit par crise et pousse à manger sans faim et en excès, de façon compulsive pour mâcher et calmer l'angoisse. Elle correspond plus à une peur du vide et concerne plutôt des jeunes filles. Consulter un médecin est le meilleur moyen de se faire aider.

Citations

"Un gourmet, c'est un glouton qui se domine." F. Blanche (humoriste français 1921-1974)
"Ceux qui s'indigèrent ou s'enivrent ne savent ni boire ni manger." Brillat Savarin (gastronome français 1755-1826)
"Le ciel est trop haut, la terre est trop basse, il n'y a que le comptoir à la bonne hauteur." Frédéric Dard (écrivain français San Antonio 1999)

On revient de loin !

Extraits du petit traité d'Érasme de 1530 :
Il est malpropre de ramener du fond de sa gorge des aliments à demi-mâchés pour les remettre dans son assiette.
Boire ou manger la bouche pleine est incivile.
Avant de boire s'essuyer la bouche surtout si tout le monde boit dans la même coupe.
Il est peu convenable d'offrir à un autre un morceau dont on a déjà mangé une partie.
Essuyer ses doigts gras sur ses habits est inconvenant. Il vaut mieux se servir de la nappe.
Si un accès de toux le prend, tache de ne pas tousser dans la figure des autres.
Avoir la morve au nez est le fait d'un homme malpropre.
Se moucher avec son bonnet est d'un paysan.
Il est grossier de plonger ses doigts dans les sauces.
Ne jette pas sous la table les os.

BIEN COMMUNIQUER

Le rituel de la politesse assure le cadre de nos échanges avec autrui. Il en est la base qui nous oblige à maîtriser notre esprit reptilien, à lui demander de mettre un peu la sourdine en nous pour laisser place à notre bienveillance et au respect d'autrui.
À partir de là, nous pouvons donner encore plus d'ampleur à nos échanges en les doublant d'ouverture profondément humaniste. Ils deviennent alors pur plaisir et nous permettent de bâtir à force d'expérience un relationnel fort et durable.
Les personnalités politiques et médiatiques ont bien compris le pouvoir de la communication. Ils essaient tous de se l'approprier et apprennent à optimiser leurs capacités grâce à des coachs et des agences.
Mais tout le monde est à égale possibilité puisque le principal moteur de cet apprentissage reste le désir, la volonté et l'expérience.
Pour tous ceux qui ont le souhait, voici 39 clefs pour les aider à bien communiquer.

PARASITES DE LA PAROLE, L'ATTENTION S'ENVOLE !

Tu as sans doute remarqué comme il est agréable d'écouter quelqu'un qui parle avec fluidité. Il capte ton attention et t'emmène en douceur dans une histoire ou un récit.
A l'inverse, comment ne pas céder à l'agacement quand tu écoutes quelqu'un qui hésite, dit «heu...» tous les deux mots ou qui se tord sans arrêt les doigts !
Très vite, tu perds le fil de son discours, et pose sur lui un regard attristé. Parfois, tu vas même jusqu'à compter le nombre de manifestations de ses parasites verbaux !
Alors, n'hésite pas à t'assurer que tu communiques efficacement et corrige-toi si nécessaire.

Les parasites verbaux, bien nommés parce qu'ils nuisent à notre propos ou l'anéantissent, sont les petits mots vides de sens qui envahissent nos phrases ou les petits gestes répétitifs qui rythment la parole mais au négatif. Ils trahissent notre stress et surtout ils détournent l'attention de nos interlocuteurs.

Les petits bruits : toussotements, raclements de gorge, marques d'hésitation (heu...), tics de langage (hein...voilà...ben...en fait...), bafouillages, une fois identifiés sont à remplacer par ''alors'' ou par une respiration qui calme.

Les gestes parasites, comme se gratter le nez, se frotter les mains, tapoter sur la table, croiser les bras... sont inconscients. Ils marquent l'émotion, l'anxiété ou la peur... On peut les canaliser en tenant un objet par exemple.

Comment les identifier ?

Raconte une histoire devant un miroir, ou filme-toi, ou demande à un proche de noter les parasites de la communication qu'il voit. Conserve les gestes qui sont ouverts et qui participent à la compréhension et évite ceux qui ferment (étriqués, croisés, saccadés). Mais reste le plus naturel possible, le corps accompagne les mots.

Histoire : une façon de parler à la mode

Le 27 juillet 1794, la mort sur l'échafaud du révolutionnaire Robespierre marqua pour les citoyens la fin de la terreur. Extirpés des prisons ou rentrés d'exil, ou simplement soulagés, les français tombèrent dans l'opposé : frivolité et plaisirs.
La jeunesse dorée, lança une nouvelle mode où s'enlaidir et sortir avec un gourdin était de bon ton pour les hommes baptisés les Incroyables. Les femmes, appelées les Merveilleuses, s'affichaient à l'antique, très dévêtues en toges aux étoffes légères, transparentes ou même mouillées. Elles marchaient pieds nus ou en sandales et portaient des perruques très colorées. Leur salut sec faisait référence au coup de guillotine et leurs bals des victimes étaient réservés à ceux qui avaient perdu quelqu'un sur l'échafaud. Ils refusaient de prononcer les R comme Révolution et s'exclamaient :

«Ma pa'ole d'honneu'! C'est inc'oyable!»

Etude :
Albert Mehrabian, chercheur américain de l'université de Californie, a mesuré que pour parler de nos émotions les expressions du corps (le non-verbal) et la musique de la parole (le paraverbal) participent à 93 % à la compréhension et à la mémorisation de la communication !

Parole talentueuse :

- L'art de la relation : le conteur s'adresse à un auditoire restreint dont il est très proche. Il raconte une histoire oralement sans support écrit. Il ne la récite pas et la ponctue parfois de musique. Avant le recul de l'analphabétisme, il avait une fonction sociale : il transmettait l'Histoire, les rites religieux, la sagesse face aux dangers, l'éducation des enfants.
Au fil des siècles et selon les pays il a porté des noms différents comme aède, rhapsode, barde, troubadour, ménestrel, rakugoka, gousani ou griot...
''Il dispense une mystérieuse parole qui sait éveiller en chaque auditeur son propre cinéma intérieur.'' (Myriam Rubis, conteuse parisienne)

- L'art de convaincre : l'orateur s'adresse, lui, à une foule avec fougue, éloquence et charisme (magnétisme). Il est concentré, son expressivité physique et gestuelle décuple la puissance des mots. Il défend un point de vue, souvent en débat public et parvient à ébranler ou persuader les indécis. Il est craint de ses adversaires. Si dans l'antiquité, Cicéron fut un immense orateur, Jean Jaurès, quant à lui, déplaçait les foules (1885 et 1914). Il était un spectacle à lui seul : il occupait tout l'espace, avait l'esprit de répartie et savait manier l'humour avec efficacité. Il a été croqué par de nombreux caricaturistes et peintres. Il était surnommé «Saint Jean Bouche d'or».

Ces deux arts s'apprennent. L'un te sera indispensable pour être comédien, l'autre pour défendre des idées politiques ou devenir avocat.

Fais-tu la différence entre :
plaidoirie : défense verbale pour convaincre un tribunal,
réquisitoire : discours dans lequel on cite tous les éléments accusateurs contre quelqu'un,
et harangue : discours prononcé devant une assemblée avec insistance, pour éventuellement les inciter à adhérer et à agir.

COMMUNIQUER

AR-TI-CU-LER

Si tu décides de parler à quelqu'un, autant lui donner les moyens de te comprendre, sans effort d'adaptation particulier et sans jouer non plus aux devinettes pour retrouver l'intégralité de tes mots ! Quant à faire, fais-le bien. Cela t'apportera satisfaction et efficacité.

Un rythme agréable :

Parler trop vite rend la compréhension difficile et demande donc à l'auditeur une concentration plus soutenue. Celui-ci s'en trouve rapidement fatigué et a tendance à ''décrocher''. Un peu frustrant, non ?

Et enfin, parler trop vite traduit l'anxiété... et la communique aussi ! Pour une conversation détendue, il vaut mieux éviter d'être anxiogène !

A l'opposé, parler trop lentement fait douter de notre conviction. Cela énerve aussi les interlocuteurs qui s'impatientent et n'entendent plus guère le contenu...

Une suggestion : enregistre-toi en parlant à différents rythmes et écoute-toi. Choisis alors le plus agréable à entendre et le moins contraignant pour toi.

Des chiffres :
Pour marquer la solennité, un président ou un prêtre ont un débit d'environ 85 mots/minute dans les médias. En moyenne nous parlons entre 120 et 160 mots/min. Les présentateurs, eux, accélèrent le rythme à environ 185 mots/min. Le seuil de compréhension étant fixé à environ 170 mots/min, ils compensent par une excellente articulation. Les espagnols parlent plus vite que les autres européens : 26 % de syllabes de plus qu'un anglais !

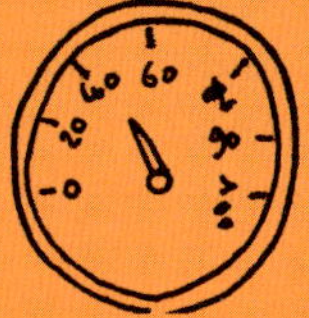

Les troubles du débit de paroles sont souvent liés à un manque de confiance en soi. Ils nécessitent des soins orthophoniques longs mais efficaces.
- Le bégaiement se traduit par la répétition involontaire d'un son,
- le balbutiement par une expression hachée et hésitante,
- et le bredouillement correspond à une expression trop précipitée et confuse.

Si tu as un ami qui bégaie, ne termine pas ses mots mais assure-lui plutôt une présence rassurante.

Adapter le ton à la distance :
Hausser le ton donne l'impression d'imposer son point de vue et d'afficher une certaine supériorité.
Baisser le ton confère plus d'intimité à l'échange. On est davantage écouté.
L'intensité de la voix doit être adaptée à la distance à laquelle est l'auditoire.
Parler fort est l'expression d'un manque de discrétion. C'est imposer son discours à l'entourage et sans doute le gêner. En public, cela augmente le fond sonore qui tend les nerfs de chacun.

On parle de :
- la distance intime : 40 cm. On perçoit la respiration, l'odeur et la chaleur de l'autre. On s'expose à lui en toute confiance, sans protection.
- la distance personnelle : 70 cm à 1 m. On délimite ainsi un espace de communication qui peut s'ouvrir à d'autres (se reporter à la page D2).
- la distance sociale, de 1 à 3 m, est celle des relations professionnelles.
- La distance publique, à plus de 3 m correspond à la prise de parole en public. La voix est intensifiée, le contact physique exclu.

Adopter une articulation dynamique :

Articuler assure une meilleure compréhension et la fluidité de notre discours. C'est en quelque sorte la mélodie qui porte notre voix et qui donne de la valeur à nos propos.
Appuyer sur les voyelles remplit l'espace et accentue la notion de plaisir des mots tandis que l'appui sur les consonnes transmet le poids et la valeur des mots.
Pour tester ton articulation, tu peux utiliser les nombreux exercices en ligne. Ils t'aideront à assouplir tes lèvres, ta mâchoire et ta langue.

En voici trois :
Je veux et j'exige 18 chemises fines et 6 fichus fins.
Pie niche haut, caille niche bas, ver n'a pas d'os, taupe en a, coq a pattes et os.
Donnez-lui à midi 8 fruits cuits, et si ces 8 fruits cuits lui nuisent, donnez-lui à midi 8 fruits crus.
Ces exercices sont aussi utilisés par les étrangers qui ont besoin de travailler la prononciation française.

Que penses-tu de la citation de Louis Jouvet : «Si tu aimes, fais sonner le M, tu aimeras mieux» ?

Connais-tu le chanteur Bobby Lapointe ? Il s'amusait avec les articulations, les contrepèteries et les jeux de mots. Ses textes sont plein d'humour : «le papa du papa, Framboise...»

SANG-FROID, MAITRISE DE SOI

C'est vrai qu' exprimer ses émotions sans retenue défoule dans l'instant, mais as-tu remarqué le triste spectacle que la personne donne d'elle-même ? Et sa honte après ? Et combien par la suite on se méfie d'elle car on la sait capable de tous les débordements ?
Il y a des circonstances où faire preuve de sang-froid est indispensable pour sauver sa vie ou celle des autres : accident, incendie, imprévu en alpinisme ou en plongée... les plus obscurs inconnus, parfois des enfants, sont capables d'actes héroïques salués par tous. On espère être à la hauteur si un jour... mais encore faut-il se maitriser dans les circonstances les plus banales de la vie !

C'est une disposition à travailler tout au long de son existence. La volonté prend le dessus, permet de ne plus être l'esclave de ses émotions et de diriger sa vie.
Il ne s'agit pas de réprimer ses émotions mais de les canaliser pour n'agresser personne. C'est une question d'attitude dans la vie.

Comment travailler la maîtrise de soi ?

- Il faut déjà t'observer avec un certain détachement et chercher à comprendre : quelle situation, quel mot t'ont fait sortir de tes gonds ? Pourquoi ? Qu'est-ce que cela t'a rappelé ? A quelle peur cela t'a renvoyé ? Ainsi, tu repères tes fragilités, tes susceptibilités, qui déclenchent la perte de contrôle. Tu découvres qu'on ouvre soi-même la porte à ses petits malheurs... et on cherche une fausse cause à l'extérieur ! Chaque fois que tu accuses l'autre, essaie de te questionner et de dire ''je...'' Il n'y a aucune honte à accepter ses faiblesses. On en a tous, il faut se connaître.

- Ensuite il te faut gérer la manifestation de tes émotions. De profondes respirations facilitent la réflexion et le contrôle.

Identifie ton émotion en écoutant ce que tu ressens et nomme-la quand elle cherche à te submerger : peur, colère, haine, jalousie, envie, inquiétude... (au début fais-toi une liste à consulter, ce sera plus facile).

- Cela va t'aider à la tenir à distance et à relativiser. Ainsi tu apprendras à contrôler progressivement tes émotions. En même temps le jugement d'autrui n'aura plus guère d'emprise sur toi, tu t'en libéreras et tiendras le cap que tu t'es fixé. Cela augmentera ta confiance en toi...

Proverbe chinois : Chaque coup de colère est un coup de vieux, chaque sourire est un coup de jeune.

Connais-tu l'acrasie ?

C'est lorsque notre raison nous indique la meilleure solution et que, par faiblesse de volonté, nous nous engageons malgré tout dans une autre. On cède à quelque chose d'agréable dans l'immédiat alors qu'on sait très bien que ce sera une source de problème après.

Ce concept philosophique, a été étudié par les grecs Socrate et Platon.

Selon la culture :

«Perdre sa sérénité, c'est perdre la face pour un asiatique tandis que pour un occidental, cela peut être une façon de garder la face en ne se laissant pas impunément bafoué». (Dominique Picard ''Politesse et savoir-vivre'' p. 117)

L'impressionnante maîtrise de soi des japonais était saluée en 2011 par un article du monde. Depuis toujours ils font face avec calme et dignité au terrible déchainement des forces de la nature : tremblements de terre, tsunamis...comme si l'Histoire leur avait appris la précarité (fragilité) de toute chose et transmis le sentiment d'impermanence (la mort fait partie de la vie).

Expressions :

Tel un coq, ''**on monte sur ses ergots**'' lorsqu'on se fâche tandis que l'expression ''**monter sur ses grands chevaux**'' a pour origine la haute taille, l'ardeur et la fougue des chevaux de bataille utilisés pour dominer les adversaires au combat... et comparable à celui qui s'emporte.

L'expression équivalente à ''**garder son sang-froid**'' en Belgique ''ket hoofd koel houden'' peut se traduire par garder la tête fraîche et en Angleterre ''to be cool as a cucumber'' par ''être aussi frais qu'un concombre''! (expressio.fr)

Au XIV ième siècle, ''**de sang-froid**'' signifiait ''de propos délibéré''. Aujourd'hui, si ''**avoir le sang qui bout**'', c'est s'impatienter au point d'être prêt à éclater, ''**avoir le sang chaud**'' décrit des personnes aux humeurs incontrôlables...

Surprenantes expressions de la langue française qui vont à l'opposé de la réalité quand on sait qu'en dessous de 35° l'humain meurt et que les animaux à sang froid ne peuvent pas contrôler leur température interne, ce qui les rend donc à la merci de la température ambiante...

La colère, dans les arts :
Arman, artiste plasticien du mouvement nouveau réaliste, décédé en 2005, utilisait les méthodes d'accumulation ou de destruction. Ses célèbres ''colères'' le mettaient en scène pour détruire violemment des objets à titre de performance artistique, lors d'un vernissage ou d'un reportage. Les débris étaient rassemblés pour former des tableaux.

MES HUMEURS NE CONCERNENT QUE MOI

Tu as beau être d'excellente humeur, voir ton ami faire la tête rabat ta joie. S'il semble même se complaire dans cet état, son côté négatif devient contagieux et te pollue la vie. Quand il te parle, tu relativises, ou tu ne l'écoutes plus qu'à moitié, il a perdu toute crédibilité à tes yeux.
Quant à l'ami susceptible, tu ne sais plus comment t'adresser à lui, il prend tout mal, on ne peut rien lui dire... Ses émotions le perturbent lui, mais son entourage aussi !

Même si par ailleurs tes amis sont dignes de confiance, leur comportement pénible te donne envie de les fuir pour d'autres plus enclins à partager du bonheur à vivre.
Évite d'offrir un aussi triste cadeau aux autres et garde tes mauvaises humeurs pour toi, oublie ta susceptibilité pour rester positif. Faire la tête ne résout rien et on obtient souvent l'inverse de ce qu'on aimerait.
Consacre ton temps et ton énergie à vivre au mieux. Tu trouveras ainsi un équilibre entre tes désirs et la réalité et tu apprécieras ce que tu as. Fais comme Voltaire (philosophe français 1694-1778), décide d'être heureux parce que c'est bon pour la santé !

Les caprices :
De 18 mois à 7 ans, l'âge de raison, ils font partie du processus de construction normal. L'enfant découvre que son désir impérieux ne rencontre pas toujours l'accord de l'adulte et qu'il doit soit y renoncer, soit le modifier. Il fait l'expérience douloureuse du principe de réalité. De plus, il ne dispose pas encore des mots pour traduire son désir ou sa frustration, il se rabat donc sur cette façon plus brute de les exprimer.

Les adultes lui expliquent leur ''non'', lui montrent qu'eux aussi ont des limites et lui laissent une marge de décision. Ainsi, l'enfant intègre progressivement la réalité et n'a plus recours aux caprices.
Le caprice adulte traduit donc une attitude infantile. Une manière immature de se donner du pouvoir sur les autres et de forcer la réalité...

La bouderie :

Elle prend racine dans l'enfance lorsqu'on n'a pas le droit d'exprimer ses émotions (Tu ne pleures pas !). Le boudeur rentre alors sa colère au lieu de la montrer... et fait payer aux autres le fait de ne pas l'exprimer. Il les culpabilise. Il est souvent convaincu que ses droits ont été bafoués et ne parvient pas à exprimer son mécontentement.
L'université de Montréal au Canada a montré qu'il existait deux types de boudeurs :

Le défensif, un grand sensible qui a peur de tout dans la vie (peur du conflit, du jugement, du ridicule, de déplaire...). En boudant, il cache sa vulnérabilité.

BOUDEUR DÉFENSIF

L'offensif qui se sert de son silence pour déstabiliser les autres, les faire douter d'eux-mêmes ou culpabiliser et accéder à ses désirs ou les punir. C'est un manipulateur. Sa bouderie est son arme.

BOUDEUR OFFENSIF

Ce comportement, à la fois passif et agressif dévoile une façon malsaine de s'opposer ou de s'exprimer. Il mine les relations. Pour sortir de ce jeu risqué, le boudeur doit travailler sur lui pour apprendre :
- à clarifier ses attentes et à formuler ses besoins.
- à se laisser du temps en demandant à autrui quelques minutes pour clarifier lui-même ce qui ne lui convient pas.

Face au boudeur, ne rentre surtout pas dans son jeu de manipulation, prends l'air le plus indifférent possible et dis-lui que tu veux bien l'écouter et discuter quand il pourra t'exprimer autrement ce qui ne lui convient pas. Ne t'y arrête pas plus.

La susceptibilité :

Elle est liée soit à un manque soit à un excès de confiance en soi. Le susceptible a une représentation erronée de lui-même et un amour-propre mal placé de sa personne. Il prend ce que disent les autres comme une attaque personnelle. Il se froisse et s'offense facilement en accordant une importance excessive au regard d'autrui.

Ne parvenant pas à rire de lui même, il révèle souvent de la vanité et a toujours l'air un peu ridicule.

On différencie le susceptible :

timide qui ne s'estime pas suffisamment.

le narcissique qui s'estime trop et n'accepte pas de voir son image ternie.

le sensitif paranoïaque qui se croit la cible de toutes les remarques et conversations.

Pour se défaire de sa susceptibilité :
- Freiner/moduler ses réactions en se taisant et en écoutant. Peut-être qu'on trouvera matière à nuancer les propos d'autrui.
- Arrêter d'interpréter, de personnaliser, de projeter, on n'est pas le centre de l'intérêt général.
- Dans sa tête, changer le mot ironie par celui d'humour, "il me reproche" par "il me suggère", "je suis vexé(e)" par l'émotion "je suis énervé(e), triste, déçu(e)..." (Yves-Alexandre Thalman)
- Se fabriquer mentalement une cuirasse pour faire rebondir les critiques sur soi. Un spécialiste peut aider efficacement à réaliser ce travail sur soi.

La mauvaise humeur :
Elle trouve un prétexte, parfois un détail et nous pousse à nous inscrire dans une logique de souffrance. Un objet nous résiste et on voit notre vie comme un enfer permanent. La mauvaise humeur analyse tout au négatif, sur le coup de l'énervement. Elle débute parfois sans raison dès le matin, d'où l'expression "se lever du mauvais pied". Elle nous renferme sur nous-même, nous isole. C'est une façon de voir le verre à moitié vide plutôt qu'à moitié plein : un fléau silencieux qui détruit notre capacité à saisir le bonheur. Elle entrave notre digestion, peut même provoquer des ulcères et nous fait perdre une énergie phénoménale.

Comment la chasser ?
Tout d'abord en reconnaissant qu'elle est une façon de penser qui nous nuit. Son seul but est de nous rendre la tâche plus compliquée.
Ensuite, en essayant d'en ralentir le mécanisme :
- Si on ne s'arrête pas sur l'obstacle, on lui donne moins de résonance.
- Penser à quelque chose de plaisant ou visualiser une image positive éloigne la montée de mauvaise humeur.
- Prendre du temps pour soi, faire du sport par exemple est une façon de libérer ses tensions, de se détendre et de repousser la mauvaise humeur.
- De même, on peut s'aider par de profondes inspirations et en se plaçant dans une ambiance favorable à la détente : espace rangé, dégagé, paisible, musique...
- Il faut savoir que laisser libre cours à une émotion la renforce. Elle peut devenir un trait de caractère, c'est à dire un réflexe plus difficile à briser.

Face à un râleur ou une râleuse, ne te laisse pas contaminer par son négativisme, dis-lui simplement que c'est sa vision des choses, que toi tu en as une différente mais que tu ne l'autorises pas à gâcher ton plaisir.

Les variations d'humeurs pathologiques :
Tout le monde connait des hauts et des bas mais 1,3% de la population subit des sautes d'humeur extrêmes, handicapantes et non maitrisables dont les causes restent encore inconnues : sensibilité au stress, génétique, inaptitude à gérer ses émotions au quotidien... Les malades bipolaires ou cyclotimiques passent par des épisodes d'euphorie et d'exaltation, puis brutalement par des états de dépression. Ils ont recours à des soins.

Connais-tu la luminothérapie ?
Elle corrige notre humeur déclinante et nostalgique à l'automne qui nous donne parfois envie d'hiberner comme les animaux. Le médecin Norman E. Rosenthal, a remarqué l'effet des saisons sur son humeur et sur son énergie. Il a testé sur lui une exposition quotidienne à la lumière artificielle proche de la lumière du jour. 30 minutes suffisent pour un regain d'énergie et d'envie. Cette méthode est de plus en plus utilisée, notamment par les populations nordiques qui connaissent de longues nuits.

Les effets du manque de sommeil :

Le premier effet visible reste bien sûr le tempérament grognon et l'irritabilité. Alors commence par te reposer pour retrouver le sourire ! Entre 12 et 18 ans, de 8H30 à 9H30 de sommeil semble une moyenne mais c'est ton humeur et ta fatigabilité qui t'indiqueront la bonne mesure. Écoute ton corps.

D'autres effets comme l'hyperactivité, l'impulsivité et le moindre rendement du cerveau ont été plus récemment mis en lumière. Le manque de sommeil en provoquant des changements métaboliques contribuerait aussi à l'apparition de l'obésité et même du diabète... Selon une étude de l'université Johns-Hopkins (Baltimore, USA), chaque heure de sommeil supplémentaire réduit les risques d'obésité chez l'enfant de 9%!

Bouderie, susceptibilité et signe du zodiac :

Il semble que le signe du lion soit particulièrement sensible aux critiques et s'enferme facilement dans la bouderie ou la susceptibilité. Le crois-tu ?

Du positif à être grognon ?

En Allemagne, des chercheurs de l'université de Jena, indique que les râleurs, en extériorisant plus que les autres leurs pensées auraient une espérance de vie supérieure. Il seraient moins sujets à l'hypertension, aux maladies cardiaques.

Les anglais, champions du flegme, vivraient en moyenne deux ans de moins que espagnols et italiens plus expressifs dans leurs émotions.

Expressions françaises :

Si nombreuses et si imagées pour exprimer la bouderie, la susceptibilité ou la mauvaise humeur, elles sont la preuve de leur grande expérimentation au cours des siècles. En voici quelques unes :

«Prendre la mouche, être de mauvais poil, d'une humeur de chien, avoir mangé du singe, faire un nez de 6 pieds de long, faire la bouille, avoir un pet de travers, voir rouge, être en pétard, avoir un coup de sang, la haine ou la rage au ventre, échauffer les oreilles, se mettre en pelote, ou encore ne pas être à prendre avec des pincettes... »

Citations

''Aussi sur, aussi dévoué qu'il puisse être, un compagnon d'humeur inquiète et qui geint à tout propos est l'ennemi de notre tranquillité''. (Sénèque philosophe romain mort en 65 ap. J.C.)

''Si vous voulez que la vie vous sourie, apportez-lui d'abord votre bonne humeur''. (Baruch Spinoza philosophe hollandais 1632-1677)

''Bouderie...une grève de gamin''. (Jules Renard écrivain français 1864-1910)

''Le premier qui dit que j'ai mauvais caractère, c'est ma main dans la figure''. (Francis Blanche humoriste français 1921-1979)

Histoire :

Il fut un temps où la susceptibilité d'un homme pouvait se terminer en duel pour réparation. Il valait mieux mesurer ses paroles ! Condamnée en 1837, cette coutume perdura jusqu'à la guerre de 1914-18. Ensuite, l'escrime ne se pratiqua plus qu'en salle.

CLOPORTE COLPORTE ET TIQUE CRITIQUE

C'est toujours le même schéma, l'absent devient le sujet de conversation de ceux qui restent, et rarement au positif ! Il agit différemment de nous, c'est insupportable car cela remet en question nos choix et nos certitudes. Il faut donc lui donner tort pour nous rassurer sur nous-mêmes. En plus, on a le sentiment de meilleure entente entre nous, notre place y est confortée car nous sommes du même avis sur l'absent. Un jugement sur tout en tout lieu, c'est tellement facile... ça nous intéresse toujours de cerner les autres jusque dans leurs travers ou leurs faiblesses mais dès que nous faisons les frais de ces conversations ou bruits de couloir, nous nous sentons offensés ! Nous voudrions les avantages sans les inconvénients.

En y réfléchissant, le ragot revient toujours aux oreilles du premier intéressé et tue durablement la relation de confiance qu'il avait avec nous. Quand à la critique, il la ressent comme l'expression de notre supériorité et notre relation en pâtit aussi. Sans oublier qu'on juge toujours trop vite donc sans aucune finesse. Et si on essayait de se mettre à la place de ceux qu'on critique pour mieux comprendre leur fonctionnement et leurs raisons? Si on souhaite un changement de leur part, pourquoi ne pas le leur exprimer directement à eux ? Mais en les encourageant et en les stimulant, pas au négatif car cela n'a jamais été efficace. N'oublions pas aussi que le ragot expose aux autres notre partie la plus sombre et cela ne flatte pas notre réputation...

Il vaut mieux être au dessus de ça, se dépasser, s'interdire de médire. Quand tes amis rentrent en séance ragots, fuis! Et si tu parles de quelqu'un, ne transmets que du positif en toute circonstance. Ta différence sera appréciée et fera de toi quelqu'un de confiance au sein du groupe. De plus, la critique te déconcentre et te place dans une humeur négative. Elle te fait perdre du temps que tu aurais pu consacrer à ce qui te rend heureux !

Les nuances :

la critique peut être positive ou négative mais une étude de Walker et Struzyk en 1998 a montré qu'elle n'était positive que dans 2% des cas ! Elle rejoint généralement le ragot ou le commérage, plus familiers, qui sont des bavardages malveillants entre individus.

Quant à la rumeur, positive ou négative, elle correspond à une information plausible, parfois exacte, qui comblerait une curiosité, une incertitude, un flou et qui serait relayée de groupe en groupe. Elle peut être pilotée.

Mais tous trois restent des communications officieuses.

Pourquoi cette attitude ?

L'humain est duel : il a en lui un côté pétri de bons sentiments et un côté plus sombre qu'il essaie de maîtriser : envie, jalousie, rivalités... Quand on médit, c'est donc notre face obscure qui s'exprime. On la relâche en quelque sorte à des moments d'angoisse, de doute sur nous. Elle nous permet de nous défouler du stress et de nos peurs sur un bouc émissaire. C'est un exutoire qui régule nos émotions. Ceux qui sont parfaitement bien dans leur tête (c'est exceptionnel) n'en ont pas besoin.

En plus, la critique nous unit en accord contre un troisième. Elle nous soude pour exclure socialement notre cible. Elle crée du lien social et nous donne de l'importance dans le groupe.

Il est beaucoup plus facile de parler au négatif, car le positif demande plus de nuance et un effort d'analyse important. C'est un phénomène qui est dangereux en période d'instabilité et d'angoisse collective dans un pays. La majorité tient alors pour responsable une minorité et déchaîne sa haine contre elle en légitimant en quelque sorte le racisme, l'homophobie, l'intolérance religieuse ou l'antisémitisme. L'histoire est ainsi marquée de massacres, de génocides perpétrés par la majorité. L'actualité en est hélas un brûlant exemple.

Peut-on se soustraire à la critique ?

- Si tu ne peux pas complètement l'éviter, tu peux déjà lui donner moins d'occasions de s'exprimer en t'abstenant de faire part de tes états d'âme et de te laisser aller aux confidences. Tu donneras moins de pouvoir aux "ragoteurs".
- Ensuite, pense que ce qu'exprime le commérage, c'est surtout le malaise de son auteur. Ne le prends pas forcément de façon personnelle.
- Tu peux aussi réagir auprès de l'auteur pour couper court à l'envie de te prendre pour cible. Dis au groupe que la méthode manque de dignité à ton goût et n'engage que son auteur. Adresse-toi aussi directement à lui pour lui dire que tu n'apprécies pas ce genre de colportage de caniveau...
- Et enfin, exerce-toi à repérer les médisants. Tu les reconnaitras en les écoutant... Prends alors tes distances !

Pratiquer le non-jugement:
C'est s'arrêter volontairement aux seuls faits sans y assortir un jugement. Quand par exemple quelqu'un rentre dans la pièce où tu te trouves sans te saluer, tu le constates simplement (Il ne m'a pas salué/e) sans exprimer ta frustration (je ne suis rien pour lui) ni un jugement (Il est absent, il ne va pas bien). Cette méthode évite les interprétations erronées et nous aide à devenir adultes dans la relation (sans dépendance).

Etudes:
D'après les chercheurs (n° 53-sept 2012 de Cerveau&psycho) une conversation sur 7 entre adultes aurait une connotation négative.
L'équipe du sociologue K. Massar aux Pays Bas, à partir d'un échantillon de 83 femmes a mis en évidence que plus une femme pense attirer l'intérêt masculin, plus elle apprécie les commérages.
Toutefois cette activité concerne les deux sexes.
Selon Dunbar, en 2004, partager une information sociale est une activité similaire au toilettage mutuel des primates : cela crée des attaches. (Pascal Froissard "La rumeur en temps que phénomène d'influence sociale".)

Citations et proverbes

- "On voit la paille dans l'oeil de son voisin, pas la poutre dans le sien". Proverbe.
- "On est stupéfait de la quantité de critique que peut contenir un imbécile". Victor Hugo (écrivain français 1802-1885), sans doute malmené par ceux qui ont fait de la critique leur métier.
- "Observer sans évaluer est la plus haute forme d'intelligence humaine". Krishnamurti Jiddu (penseur indou 1895-1986).
- "Loue ton ami en public et critique-le en tête à tête»".Proverbe marocain.

Conte :
Sans doute, te souviens-tu du conte "les deux sœurs et la fée" de Charles Perrault, entendu dans ton enfance. L'aimable jeune fille expulse perles et pierres précieuses en parlant tandis que sa sœur au caractère difficile expulse serpents et crapauds. Voici donc une belle illustration des effets de la parole sur les autres.

Les people et la rumeur :

Les stars sont obligées de gérer la rumeur, de la devancer parfois. Plus elles sont distantes, inaccessibles, plus les rumeurs vont bon train.
Elles servent également d'indicateur de leur popularité. Quand la rumeur est positive, leur cote reste satisfaisante. Par contre si elle devient négative, cela signifie qu'elles déçoivent et ne correspondent plus à l'attente de leurs fans. Le désamour de leur public correspond à la fin de leur carrière.
L'art de manipuler la rumeur est délicat : trop d'information banalise et sature les fans. Il faut trouver le juste équilibre, le bon rythme qui compense l'amour impuissant du public qui s'identifie à elles.
Des artistes sont passés maitres dans la création et la gestion du buzz.

Expression :
"Casser du sucre sur le dos de quelqu'un" date des années 1800. À cette époque casser du sucre signifiait maltraiter en argot. Seule une "mauvaise langue" peut faire ça...

Journalisme, politique et entreprises :
''C'est seulement durant la seconde guerre mondiale que le lien entre rumeur, politique et propagande est fait'' (Pascal Froissard). Des techniques de manipulation des masses sont utilisées pour discréditer le camp adverse, pour faire passer un message ou pour détourner l'attention. On les appelle techniques d'influence ou stratégies de diversion. La rumeur peut prendre, par exemple, l'aspect de fausses informations largement commentées par les médias qui entretiennent par la controverse l'intérêt des lecteurs ou auditeurs avant d'être démenties.

Internet, un support de prédilection :
Rumeurs et ragots y trouvent une audience internationale. Ils s'y propagent à une vitesse folle, le temps d'un clic. Leurs auteurs plus difficiles à identifier ont le sentiment d'impunité. Évite de tomber dans le piège de la facilité en relayant ces fausses informations ou des propos désobligeants, voire dégradants.

Lorsqu'on porte atteinte sans preuve à l'honneur d'une personne, le tribunal peut condamner l'auteur :
- pour diffamation si ce dernier a parlé d'un fait dont il ignorait la véracité,
- ou pour calomnie s'il savait que le fait était faux mais l'a divulgué quand même pour nuire volontairement à la victime.
Publier de tels propos sur internet, via un forum ou un blog par exemple, peut aggraver le délit aux yeux de la loi.
''La calomnie est comme la fausse monnaie : bien des gens qui ne voudraient pas l'avoir émise la font circuler sans scrupules.'' Diane de Beausacq

Connais-tu la chanson d'Yves Duteil qui a pour titre 'la rumeur'' ? Un beau texte...

Histoire :
Etre reçu par le roi Louis XIV, ou simplement le voir demandait beaucoup de patience pour une réussite incertaine. Il fallait attendre parfois la journée dans le boudoir du roi. Les présents liaient conversation et échangeaient leurs informations vraies ou fausses, leurs visions justifiées par ce qu'ils prenaient pour signes et preuves... la rumeur commençait là. Les potins people étaient nés !

La légende urbaine :
On l'appelle aussi légende contemporaine. C'est une histoire qui emprunte un peu à tous les genres, qui tient également du mythe et du canular colporté de bouche en bouche et par la toile. Elle exprime les peurs ou les fixations de la société. Sans aucune difficulté, elle passe les frontières en changeant le temps, le lieu et la langue.
Quelques exemples :
- En Afrique, des rétrécisseurs de sexe sévirаient sur autrui en leur serrant la main. Elle a donné lieu à plusieurs lynchages à Dakar, au Sénégal.
- Les épinards sont riches en fer.
- Les américains n'auraient jamais marché sur la lune.
- Des alligators rejetés par leurs propriétaires vivraient dans les égouts de Paris.
- Seules deux personnes connaitraient la recette secrète du coca-cola.
Face à la légende urbaine, une seule solution : l'esprit critique !
(Se reporter à la page149 "L'esprit critique")

As-tu déjà entendu l'histoire du philosophe grec Socrate ?
Un jour, quelqu'un vint voir Socrate et lui dit :
- Ecoute Socrate, il faut que je te raconte comment ton ami s'est conduit.
- Arrête ! interrompit l'homme sage. As tu passé ce que tu as à me dire à travers les trois tamis ?
- Trois tamis ? dit l'autre, empli d'étonnement.
- Oui, mon bon ami : trois tamis. Examinons si ce que tu a as à me dire peut passer par les trois tamis. Le premier est de celui de la Vérité. As-tu contrôlé si ce que tu as à me dire est vrai ?
- Non; je l'ai entendu raconter, et ...
- Bien, bien. Mais assurément, tu l'as fait passer à travers le deuxième tamis. C'est celui de la Bonté. Ce que tu veux me dire, si ce n'est pas tout à fait vrai, est-ce au moins quelque chose de bon ?
Hésitant, l'autre répondit : non, ce n'est pas quelque chose de bon, au contraire...
- Hum, dit le Sage, essayons de nous servir du troisième tamis, et voyons s'il est utile de me raconter ce que tu as à me dire ...
- Utile ? Pas précisément.
- Eh bien, dit Socrate en souriant, si ce que tu as à me dire n'est ni vrai, ni bon, ni utile, je préfère ne pas le savoir, et quant à toi, je te conseille de l'oublier ...

COMMUNIQUER

MOI JE ET TOI, TAIS-TOI !

En principe, communiquer avec autrui, c'est avant tout échanger des points de vue dans le respect et enrichir mutuellement sa réflexion. Pourtant, dans un groupe il y a toujours des bavards et des silencieux. Les premiers sont leaders, monopolisent la parole et d'une certaine façon ravissent aux timides l'occasion de s'exprimer.

Si tu fais partie des premiers, garde le souci de la place de chacun, et aide les plus discrets à prendre la leur. Pose-leur une question ouverte du style : «Et toi, qu'est-ce que tu en penses?» Ils salueront le respect que tu leur manifestes ainsi.

Certains, tyrannisés par le besoin de reconnaissance, monopolisent l'espace de parole (et donc l'attention). Ils sont incapables de s'arrêter. De même ceux dans le mal-être sur le plan relationnel, qui vivent l'autre comme une menace, ont besoin de maîtriser l'échange en permanence.
Tous deux deviennent victimes et non maîtres de leur parole ! La conversation à sens unique perd tout intérêt et on les fuit...
Pour éviter ces monologues qui isolent des autres, consulter un psychologue permet de comprendre ses peurs et de les maitriser.

Pour bien gérer ta parole :

- Va à l'essentiel, ne donne pas de détails superflus au risque de faire trop durer ta prise de parole et de lasser ton auditoire.
- Ecoute sans intervenir et surtout sans juger. C'est un échange de points de vue.
- Veille bien à ne pas couper la parole, cela perturbe et crée des tensions. Ecoute plutôt ton interlocuteur jusqu'au bout, la suite va peut-être nuancer ses phrases précédentes ! Chacun doit pouvoir s'exprimer à son tour dans le calme.
- N'aie pas peur du silence. C'est une pause valorisante pour intégrer les propos. Il déstresse tout le monde.

Connais-tu l'usage du bâton de parole ?

Issu d'une tradition amérindienne, le bâton de parole sert à réguler la parole dans un groupe. C'est un objet choisi par les participants pour représenter la prise de parole. Celui qui souhaite parler le prend, ne monopolise pas la parole et le repose quand il a fini de s'exprimer. Les autres s'engagent à écouter sans interrompre, ni juger. C'est un outil très efficace.

Son rôle est plus complet que celui du sablier utilisé à l'occasion des débats politiques pour assurer un temps de parole équivalant à chaque parti.

Record de temps de parole : 24h

Au sénat américain, un orateur a le droit de parler jusqu'à épuisement. C'est une possibilité qui est utilisée pour manifester une opposition forte à un projet et pour faire passer son message aux médias, friands de ce type de performances.

Record tenu par Strom Thurmond en 1957 avec 24h et 18m pour défendre l'indéfendable: la ségrégation raciale.

Plus récemment, Rand Paul a monopolisé la parole pendant 12h et 52m sans avoir le droit de s'asseoir, pour bloquer une nomination à la tête de la CIA.

Etude :
Des chercheurs de l'université américaine Duke ont constaté que les managers qui monopolisent la parole et cherchent à tout contrôler, détruisent la créativité de leurs équipes. Voici donc un monopole qui rend moins performant !
(Lefigaro.fr du 20/12/13)

Les cafés citoyens :
Le premier café citoyen est né à Caen en 1997. L'objectif est de rétablir des lieux publics d'expression où tous les citoyens peuvent discuter librement une à deux fois par mois. Dans ce lieu convivial, on y débat de problèmes de société, pendant environ 2h. Une charte prévoit que personne ne peut prétendre détenir la vérité ni monopoliser la parole. Les propos polémiques et partisans ne sont pas acceptés non plus.

Expression :
'' Tenir le crachoir'' évoque de façon imagée le fait de monopoliser la parole de son plein gré ou forcé par les évènements.

''La parole est à moitié à celui qui parle et à moitié à celui qui écoute.'' Montaigne (philosophe français 1533-1592)

COMMUNIQUER

ÊTRE LE MEILLEUR MAIS TOUT SEUL

Entre amis, parler de toi, quoi de plus normal puisque chacun participe et se dévoile un peu... mais ne parler que de toi, non ! Pourquoi les autres resteraient-ils à t'écouter si tu les éclipses ? De même, si tu ne supportes pas un autre avis que le tien et contredis systématiquement tes amis, comment pourrais-tu croire un instant que tu as toujours raison et eux tort ?
Un réel échange est avant tout équilibré. Il confronte des avis, des expériences, des sensations et permet à chacun de faire évoluer sa pensée et de progresser. Il apporte du plaisir à partager.
Si en ton fors intérieur, tu penses avoir une réflexion plus sure que celle de tes amis, et une place prépondérante, pose-toi cette question : "Et si j'avais une valeur exagérée de ma personne ? Et si j'étais tout simplement orgueilleux ?"

L'orgueilleux :

Contrairement à ce que l'on perçoit, l'orgueilleux vit avec des peurs comme celles de ne pas être aimé, d'être incompris, de perdre la face, d'être jugé ou rejeté... alors qu'il a besoin de se sentir parfait. Pour se rassurer en quelque sorte, il entre dans la démesure et joue à celui qui sait tout et fait tout mieux que les autres. Il se compare sans cesse aux autres, à en devenir dépendant... et vite insupportable.

Il faut qu'il ait toujours raison. La moindre conversation peut virer à l'obstination. On dit blanc, il dit noir... le parfait esprit de contradiction. Il ne supporte pas de se sentir inférieur, et se trouve dans l'incapacité d'admettre qu'il puisse avoir quelque chose à améliorer. Son esprit de domination bloque sa progression. Incapable d'adaptation, il se ferme l'avenir. Ce sont aux autres de s'adapter, lui ne changera jamais ! Il porte peu ou pas de considération aux autres.

Il se met en valeur, se vante, fanfaronne, tire gloriole de tout jusqu'au ridicule, incapable d'être objectif. Il ne fait confiance à personne, étouffe les autres, ne respecte ni leur autonomie, ni leur liberté. Il se retrouve souvent seul.

Pour sortir de ce cercle vicieux, il doit reconnaitre et avouer sa peur. Le recours au ''lâcher prise'' aide à ne pas se faire dominer par l'orgueil quand celui-ci envahit.

Le lâcher prise :

C'est accepter de ne pas tout contrôler, d'être imparfait et reconnaître que notre conduite est stérile. En nous désintéressant volontairement du sujet de désaccord nous parvenons à décrocher de cette conduite et devenons mentalement flexibles, capables de pardonner. Une des méthodes du lâcher-prise consiste à vivre au mieux l'instant présent.

Utilises-tu ces expressions ?
"Bouffi d'orgueil" : L'esprit gonfle et se boursoufle, comme le corps en mauvaise santé enfle avec la maladie.
"Épater la galerie" et "En mettre plein la vue" expriment la satisfaction de leur auteur.

Fables :
Deux fables de La Fontaine mettent en garde contre l'orgueil et la vanité. Les retrouves-tu?

(La grenouille qui voulait se faire aussi grosse que le bœuf et les deux coqs)

Les réseaux sociaux se révèlent un relais précieux pour l'orgueilleux, un support idéal pour se faire valoir, se répandre en "moi-je", juger, se regarder, se croire le centre de l'univers... L'as-tu déjà remarqué ?

L'humilité :
Elle s'acquiert avec le temps et correspond au fait de comprendre la modeste place qui est la nôtre parmi les 7 milliards de terriens. Jacques Dutronc a repris ce thème avec beaucoup d'humour dans sa chanson "Et moi, et moi, et moi".
L'humilité nécessite une certaine maturité. La personne humble se voit de façon réaliste. Sa démonstration se traduit par des actes de modestie. C'est l'exact opposé de l'orgueilleux qui a une opinion très avantageuse de sa propre valeur.
À ne pas confondre avec la fausse modestie qui feint la vraie pour attirer encore plus de compliments!

La pathologie du narcissisme :
La personnalité narcissique construit toute sa vie autour de l'image idéale d'elle-même. Elle n'a aucune empathie, aucune pitié, ni même aucun intérêt pour les autres. Elle se pense géniale. Elle est au centre du monde et tout doit tourner admirativement autour d'elle. Le narcissique est égoïste, capable de manipulation si c'est son intérêt. Il n'a pas d'amis, que des connaissances. Il fantasme sur des souhaits de célébrité et se montre envieux des autres. Il tente de cacher ses failles par ce mécanisme de défense. Pour évoluer, il doit prendre conscience des besoins affectifs des autres et passer par la reconnaissance de sa fragilité... ce qui n'est pas gagné ! Narcisse dans la mythologie grecque est tombé amoureux de son reflet dans l'eau, au point de mourir de n'avoir pu s'en détacher...

Citations

''L'orgueil est une vilaine graine dans l'oeil faisant écueil à la vision de la réalité.'' Daniel Desbiens (écrivain québécois né en 1954)
''Les orgueilleux ne laissent pas de gloire derrière eux.'' Shakespeare (poète dramaturge anglais 1564-1616)
''Sur le plus beau des trônes, on n'est jamais assis que sur son cul.'' Montaigne (philosophe français 1533-1592)
''Ça fait plaisir d'être connu et reconnu. Du reste il n'y a que les gens connus qui sont reconnus, c'est connu.'' Frédéric Dard (dans San Antonio de 1966)

Histoire et susceptibilité :
Comme en latin ''gallus'' signifie à la fois coq et gaulois, les anglais se seraient moqués des français au moyen-âge en estimant que la comparaison ne s'arrêtait pas là, puisqu'ils étaient aussi orgueilleux l'un que l'autre. Par bravade, les rois de France auraient repris la comparaison à leur avantage car le coq, extrêmement combatif est le roi incontesté de la basse-cour.
En 1830, une ordonnance fait figurer un coq au dessus des drapeaux de la garde nationale.
En 1911, le coq apparaît sur les maillots de rugby des français et en 1944 sur les timbres poste. Il est toujours la mascotte et l'emblème des sportifs français.
Le cri du coq supposé orgueilleux se dit ''cocorico'' en français mais devient ''cock-a-doodle-do'' en anglais ou encore ''ky-ky-ri-ky'' en tchèque : des interprétations nationales...

PARLER ARGENT ? OUI, MAIS PAS TOUT LE TEMPS.

L'argent confère une valeur à chaque chose et s'impose à toi pour tes envies d'achat.
Parler toujours d'argent revient surtout à exprimer tes désirs et tes frustrations, tes rêves et tes impuissances. Mais tes amis sont sans doute plus intéressés par tes qualités que par tes manques et tu risques de lasser...
Parler beaucoup d'argent peut servir encore à imposer ta condition favorable aux autres. Dans ce cas, tu renvoies tes amis à un statut inférieur qui n'est pas compatible avec un échange d'égal à égal. Tu peux leur donner l'impression que tu es attaché aux seules valeurs matérielles. Dans une discussion, n'oublie pas que c'est ta valeur humaine (optimisme, bienveillance, honnêteté, empathie...) qui te permet d'échanger avec bonheur. Ne te saborde pas !
À toi de trouver le bon équilibre pour parler sainement d'argent comme d'un indispensable outil que tu maîtrises.

Le côté positif :
C'est une mesure objective et équitable d'échange de biens ou de services dans la société toute entière. Elle a une valeur pratique. L'argent permet de voir son travail reconnu et récompensé et aussi de se montrer généreux. Il valorise donc l'individu. Il a aussi l'avantage de donner la liberté et de s'affranchir du groupe. Il fait le lien entre le passé, le présent et le futur, on peut l'épargner pour plus tard par exemple.

Le côté négatif :
Il peut satisfaire l'ego et le désir de supériorité. Il est également responsable de certaines pathologies comme l'avarice, la mégalomanie, la cupidité. Il peut enfin substituer la justice à la charité.
La juste mesure, pour vivre en harmonie avec autrui, consisterait donc à maitriser l'argent en le gérant comme un outil. Nous ne devons pas en avoir honte quand on en n'a pas assez, ni se sentir coupable quand on en a plus, et avoir conscience que notre statut peut changer selon nos choix ou notre gestion.

Deux perceptions opposées :
Aux États Unis, il n'y a aucun tabou à demander à quelqu'un le montant de son salaire :
«Combien tu vaux ?»
En anglais ou en allemand, on utilise la formule "faire de l'argent", c'est à dire "savoir produire de la valeur" pour soi et la société qui en bénéficie aussi. Le côté valorisant prime.

En français, on dit "gagner de l'argent", ce qui sous-entend qu'on ne l'a pas forcément mérité ou qu'on l'a pris au détriment de quelqu'un d'autre. C'est le résultat des quatre facteurs suivants :
- Les français descendent des paysans qui vivaient en autosuffisance, l'argent conservé à la ferme était caché et servait à acheter la semence suivante.
- De plus la religion catholique n'autorisait un riche à rentrer au paradis que s'il s'était dépouillé de ses biens.
- Le marxisme a renforcé encore le tabou en condamnant la notion de profit.
- L'état se substitue aux citoyens pour leur assurer l'accès gratuit à la santé ou à l'éducation et les libère de ces contingences alors que les américains en ont le souci permanent car ils paient pour tout.

Citations

- "L'argent est un bon valet et un mauvais maître." Proverbe anglais
- "Il faut mépriser l'argent, surtout la petite monnaie." François Cavanna (journaliste humoriste français 1923-1014)
- "Ah que ne suis-je riche pour venir en aide au pauvre que je suis !" Tristan Bernard (Écrivain français 1866-1947)
- "L'argent peut acheter une maison, mais pas un foyer. Il peut acheter un lit mais pas le sommeil. Il peut acheter une horloge, mais pas le temps. Il peut acheter un livre, mais pas la connaissance. Il peut acheter une position, mais pas le respect. Il peut acheter du sexe, mais pas l'amour !" Proverbe chinois

Le plaisir différé :

Nous ne pouvons avoir tout tout de suite. Et heureusement, sinon nous serions d'éternels insatisfaits et immatures. Nous sommes bien souvent obligés de prévoir et d'attendre d'avoir assez d'argent pour passer à l'achat. Cette attente nous permet de savourer par avance le plaisir (différé) que nous aurons et nous oblige à maîtriser nos désirs, ce qui nous rend matures et responsables. Cet élément très important dans la vie nous est appris par les parents qui font face aux colères de frustrations de l'enfant tant qu'il n'a pas acquis cette notion.

Enquête :

Une marque de bonbons a constaté grâce à une enquête que les enfants avaient une conscience parfois aiguë de l'argent puisqu'ils étaient capables de faire plusieurs centaines de mètres pour acheter un bonbon moins cher de quelques centimes ailleurs.

LE CHOIX DE LA SINCÉRITÉ

Tu côtoies tous les jours ta famille et ton cercle d'amis, ton intérêt est de jouer la carte de la sincérité sinon tu vas te compliquer l'existence, finir par t'embrouiller dans tes approximations et perdre leur confiance pour gagner le ridicule...
En plus, être authentique détend, simplifie et surtout enrichit nos relations aux autres.
Bien sur, nous aimerions tous être un peu différents, avoir plus de... mais ne rêvons pas à voix haute et n'entrainons pas nos proches dans nos délires. Chacun son jardin secret. Et allons nous y ressourcer de temps en temps et y puiser de la bonne humeur.
Le mensonge t'enferme dans un autre personnage. Tu ne seras jamais un autre. Tu vas te perdre et faire passer les autres à côté de tes qualités ! Prends plutôt le temps de t'intéresser à tout le possible que tu as en toi.
Il est vrai qu'on ment tous un peu, quel que soit notre âge, parfois pour ne pas froisser, ne pas décevoir, pour faire patienter... Mais cela ne doit pas être notre mode de communication aux autres. Dans tes paroles et dans tes actes,sois le plus sincère que possible, tu as tout à y gagner. Si tu veux, apporte une nuance en fonction du contexte de la rencontre dévoile-toi de façon mesurée.

Nuance d'importance :
Être sincère signifie de bonne foi, sans chercher à dissimuler ou à travestir les choses. Mais on ne détient pas forcément la vérité pour autant. On peut se tromper en toute bonne foi !

La naïveté :

On parle de la naïveté d'un enfant qui s'exprime avec une franchise désarmante sans bien comprendre comment ses paroles vont être interprétées. L'enfant naïf a peu d'expérience de la vie et il croit tout ce qu'on lui dit, il a confiance.
En grandissant, il va acquérir l'esprit critique. Il apprendra à prendre du recul et à estimer s'il doit accorder ou non du crédit à ce qu'il entend. Le naïf s'exprime avec trop de sincérité.

Le mensonge :

Il fait partie de la nature humaine. Le tout-petit ment mais c'est seulement vers 7 ans qu'il ment de façon vraisemblable. On peut modifier les faits, mais aussi les exagérer ou les dissimuler (mensonge par omission).
On distingue trois niveaux de mensonges:

Le mensonge officieux, pour ne pas faire de peine, ni choquer, pour rendre service.

Le mensonge joyeux pour faire plaisir ou faire rire.

Le mensonge pernicieux pour profiter d'autrui et lui nuire (comme l'escroquerie).

Le mensonge peut devenir une seconde nature. Le malade, un mythomane, ment à tout propos, pour tout et rien. Il doit consulter un médecin spécialiste pour guérir. Les personnes atteintes de maladies cérébrales, ne sont parfois plus en mesure de faire la distinction entre la réalité et la fiction, leurs souvenirs anciens ou récents. Ils mentent en étant persuadés de dire la vérité.
Un mensonge en entraine un autre et fait rentrer dans une spirale infernale, dont on peut sortir en avouant sincèrement ses mensonges. On pardonne plus facilement les mensonges avoués que ceux découverts par soi-même.
La politique semble être un lieu inévitable de mensonges.

Le conte emblématique du mensonge est sans doute celui de "Pinocchio". En proférant un mensonge, certains petits se cachent le nez avec leur main convaincus qu'il va grandir et les trahir !

Mensonges tristement médiatiques :
En 2013, le ministre du budget français a menti pour nier avoir eu un compte bancaire en Suisse.
En juin 2014, à Perpignan, une jeune fille déclare avoir été violée dans la rue puis en juillet elle reconnait avoir tout inventé.

Un vieux rêve : savoir détecter le mensonge.
La justice américaine utilise des détecteurs de mensonge en mesurant les accélérations de battements de cœur. Leur fiabilité reste à prouver...

Étude:
Selon une étude américaine de 1996, nous mentons tous deux fois par jour environ et nous réinventons la vérité pour un tiers des personnes à qui nous parlons sur une semaine. Les ados mentent une fois sur deux à leurs parents mais des mensonges sans importance.
On ment plus au téléphone ou par sms que face à notre interlocuteur, et moins par mail qui laisse une trace écrite...

Citations

"Ne pas mentir ? Mais c'est sortir tout nu !" Jérome Touzalin (dramaturge français né en 1950)
"Aucun homme n'a assez de mémoire pour réussir le mensonge." Abraham Lincoln (1809-1865 président des U.S.A.)
"Pour les questions de style, nage dans le courant, sur les questions de principe, sois solide comme un roc." Thomas Jefferson (1743-1826, 3ième président des U.S.A.)
"Ce qu'il y a de pire chez le fanatique, c'est la sincérité." Oscar Wilde (écrivain britannique 1854-1900)

Expressions :
"Avoir la foi du charbonnier": avoir une croyance aveugle et irraisonnée.
"Être fleur bleue" ou d'une grande naïveté.

IL FAUT PLUSIEURS VIES POUR TOUT SAVOIR

Les as-tu déjà rencontrés ? On les appelle Mr ou Mme "je sais tout". Ils sont insupportables en société, capables de"pourrir" un repas entre amis, de te donner l'envie de fuir et de changer de trottoir quand tu les rencontres ! Mais comment font-ils pour susciter tant d'antipathie ? Ils sont continuellement en soif de reconnaissance. Se tromper est pour eux une humiliation, ne pas savoir : une honte.

Il leur faut capter l'attention pour se rassurer, épater la galerie et susciter l'admiration des autres. En fait, ils souffrent d'une grande anxiété et essaient de masquer leurs faiblesses en faisant de la surenchère. Ils vivent suspendus au regard d'autrui.

Comment sortir de ce comportement ?

Ils peuvent s'efforcer de se taire autant que possible, écouter les autres, les questionner pour s'intéresser à eux et leur laisser de la place.

On peut les aider à comprendre que comme le disait Socrate : «Je ne sais qu'une chose, c'est que je ne sais rien.» Etaler son savoir revient à prouver qu'il est limité et produit l'effet inverse de celui recherché. Un regard bienveillant peut aussi les rassurer et réduire leur besoin de la surenchère. L'humilité s'apprend.
(Se reporter à la page 106 ''Pour bien gérer ta parole'').

Savoir ou ne pas savoir ?
Plus nous avançons dans le savoir, et plus nous nous rendons compte de ce que nous ignorons. Il est tellement vaste qu'une seule vie ne saurait suffire à l'absorber. Nous sommes obligés de faire preuve de modestie face à nos limites. Mais cette prise de conscience a l'avantage de nous donner aussitôt le désir, la soif de connaître.
Afficher son savoir fait donc de nous un être prétentieux qui suscite la méfiance.
Il n'y a aucune honte à ne pas tout savoir, c'est au contraire faire preuve de réalisme.
Les philosophes distinguent deux formes d'ignorance :
- l'ignorance savante dans le cas de celui qui sait qu'il ne sait pas.
- Et l'ignorance vulgaire dans le cas de celui qui ne sait pas qu'il ne sait pas.

Avouer son ignorance :
Quoi de plus honnête et de plus modeste que de prononcer ces quatre petits mots: "Je ne sais pas". Tout ce que tu exprimes alors devient crédible car tes interlocuteurs constatent que tu n'as pas peur de dire la vérité et que tu fais preuve de simplicité. Avouer ton ignorance désarme et donne de toi une image favorable aux autres.

As-tu remarqué comme l'expression : "être d'une ignorance crasse" suscite la réprobation alors que celle "pêcher par ignorance" exprime l'innocence et le pardon ?

Citations

"L'ignorant affirme, le savant doute, le sage réfléchit."
Aristote (philosophe grec 384-322 av. J.C.)
"Ne restons pas prisonniers de ce que l'on croit avoir atteint."
Ivan Amar (conférencier français 1950-1999)
"On n'est intelligent qu'à plusieurs."
Albert Einstein (physicien français 1879-1955)

Notre seuil de compétence au travail :
Selon le principe de Peter, livre paru en 1970, quand un employé devient compétent dans son poste, il donne satisfaction et il est promu à un poste supérieur, ainsi de suite jusqu'à ce qu'il pense avoir réussi et ne progresse plus. Il a atteint son seuil de compétence. Il reste alors longtemps sur le même poste, incompétent donc sans promotion. Son employeur et lui-même sont insatisfaits.
Penses-tu que notre esprit puisse nous limiter dans notre progression, malgré de réelles capacités ? Pourquoi, à ton avis

LES AMIS DE MES AMIS SONT MES AMIS... SI ON ME PRÉSENTE

Si le hasard des rencontres ou d'une invitation te met en présence de deux ami(e)s qui ne se connaissent pas, tu as le devoir de faire les présentations. Sinon tu vas les rendre mal à l'aise, à attendre la fin de ta conversation tout en s'ignorant. Tu fais alors acte de fermeture. Tu les autorises à imaginer que tu crains leur échange éventuel.
À toi de leur ouvrir un espace de conversation. Te connaître est le premier point commun entre elles. Elles auront plaisir à en chercher d'autres. Tu peux les y aider en ajoutant une petit mot sympa pour les situer l'une à l'autre.

La méthode :

Trois règles de base sont à respecter.
- La plus importante concerne l'ordre. On présente la personne dite inférieure à la supérieure, sachant que la femme est supérieure à l'homme, les âgés aux plus jeunes, le plus titré au moins titré.
On dit : «Papa, je te présente mon ami Kim.» et non l'inverse.
- La seconde a trait au comportement. Un minimum de tenue est exigé pour marquer la solennité de l'instant. On est debout, sauf pour les personnes âgées, on arrête de boire ou de grignoter, on pose son verre pour se rendre disponible. Lorsque les présentations sont faites, c'est au ''supérieur'' de tendre la main en premier. (Se reporter à la page 250 ''Ailleurs'').

- La dernière règle concerne la façon de parler. La concision est de rigueur. La meilleure formule, et sans écorcher le nom : «Permettez-moi de vous présenter...». Ajouter un mot valorisant sur la personne présentée aide à la situer : par exemple «Bastien, mon ami d'enfance». Les présentés échangent ensuite poignée de main et petite phrase accueillante, en évitant les formules usées comme ''enchanté/e''. ''Heureux/se de faire votre connaissance'' passe mieux.
Attention à la poignée de main qui doit se faire sans gant, être franche mais sans brutalité, ferme et pas du bout des doigts. Elle s'accompagne du regard !
A noter également qu'on ne présente entre elles que des personnes qui en sont d'accord. On ne force pas...

L'utilité du rituel :

Une présentation bien faite permet de se faire accepter dans un groupe et d'y entrer de façon valorisante.
L'ordre des présentations situe chacun par rapport à l'autre.
Le comportement respectueux assure que chacun adhère et participe à l'ordre social.
L'initiative de tendre la main place le partenaire en situation de légitimité.
La conversation peut s'engager sans risque majeur.
Selon D. Picard, les présentations posent ainsi un ''contrat de communication''. (Politesse, savoir-vivre et relations sociales/que sais-je ?)

Comment faire avec les titres ?
Le grade militaire se nomme toujours : Capitaine Durand. Professeur ne s'utilise que pour l'enseignement supérieur et les professeurs en médecine. On dit ''Monsieur l'abbé'' pour un prêtre, sans oublier le ''Maître'' pour un avocat, avoué, notaire, huissier ou un artiste reconnu.

Tu ou vous ?

Les vertus du vous : il exprime le respect, la considération et marque une distance. On l'emploie toujours avec les personnes qu'on connait peu, avec les plus âgés que soi et avec les supérieurs hiérarchiques au travail. On lui reconnaît la qualité de protéger contre les dérives et de s'inscrire dans des rapports sains. On lui reproche d'occulter la véritable identité de ses utilisateurs.

Vertus et limites du tu : il traduit l'affection, l'intimité, la proximité. Il est spontané entre jeunes dès leur rencontre, parfois de rigueur dans un parti ou une entreprise. Par exemple, dans le "high-tech", la communication, la pub, la presse, tutoyer s'impose car on considère qu'il signe l'appartenance à un clan et renforce la cohésion, donc l'efficacité. Il semble alors gommer les rapports hiérarchiques. Il est aussi utilisé comme technique pour convaincre un client, car il suppose de la proximité et qu'il est plus difficile dire non à un proche...

Ses détracteurs lui reprochent d'ouvrir la porte à de regrettables dérapages verbaux tandis que ses partisans louent la communication directe et franche, sans préjugé qu'il autorise.

Dans le doute, il vaut mieux choisir le vouvoiement car l'excès de familiarité attire le mépris. Le passage au "tu" marque l'évolution d'une relation. C'est à la plus âgée ou "supérieure" d'en prendre l'initiative.

L'habitude veut qu'on tutoie un enfant. On tend actuellement à la remettre en question. On a constaté que dès la pré-adolescence, l'enfant apprécie le vouvoiement qui lui apporte la considération de l'adulte. Alors, pourquoi pas avant ? Qu'en penses-tu ?

Autre pays, autre rituel :

- En Suède, le vouvoiement a disparu dans les années 70. Tout le monde se tutoie et s'appelle par son prénom.
- En Indonésie et au Costa Rica, la poignée de main molle est la norme.
- En Grande Bretagne, quelques poignées de main avec quelques membres d'un groupe suffisent pour saluer tout un groupe.
- En Inde, la tradition veut qu'on ne serre pas la main d'une personne du sexe opposé.
- Au Vietnam, on baisse les yeux en se saluant.
- Au Japon, la révérence, tête et buste incliné, reste le salut traditionnel.
- Les hommes russes se font la bise.
- Les italiens peuvent utiliser sans affectation le baise-main pour les dames.
- En Nouvelle Zélande, on se frotte mutuellement nez et front.

Avant de partir en voyage, renseigne-toi sur les coutumes du pays !

(Se reporter à la page 250 "Ailleurs").

Citation

''Le vous est le rein de la langue parlée; il filtre la mauvaise humeur, la colère, le mépris, l'insulte facile et la vulgarité ! Le vouvoiement constitue un obstacle de taille à l'insolence et installe une distance courtoise''. Louise Masson (en 1995, conférencière québecoise)

Histoire et tutoiement :
Pour lutter contre les inégalités sociales les révolutionnaires de 1789 ont cherché à s'attaquer au vouvoiement qui connotait éducation reçue et sang social. Tout ami de la liberté devait remplacer les ''monsieur'' et ''madame'' par ''citoyen, citoyenne''. De plus, il devait bannir de son langage le vouvoiement que les révolutionnaires ont essayé en vain de prohiber légalement le 20/10/1794. Partout, à l'armée, dans les administrations, dans les familles, on appliquait ces préconisations du comité de salut public. Quiconque était pris à ne pas les respecter risquait d'être jugé et lourdement condamné.

Conseils pour t'essayer au baise-main :
- Ne te saisis pas d'une main qu'on ne te tend pas.
- Tu t'inclines vers la main, tu ne l'élèves pas.
- Jamais sur une main gantée.
- Tu réserves cet honneur à une personne d'importance, pas à toutes !
- Tu effleures la main de tes lèvres. Tu n'y déposes aucune salive...

Connais-tu le speed dating ?
Dans un groupe d'inconnus, il s'agit de se présenter en quelques minutes (environ 7) à une personne, puis à la suivante, et ainsi de suite. On est obligé/e d'aller à l'essentiel et de soigner la prise de parole. Cette technique qui colle aux impératifs du mode de vie urbain est souvent utilisée pour des rencontres entre célibataires, ou encore lors de rassemblements commerciaux organisés par des administrations (par exemple entre importateurs et exportateurs de pays différents). Chacun évalue très rapidement s'il est intéressé ou pas. Il ne donne suite que si son attention a été retenue.

QUI ÉCOUTE ENTEND

Rien n'est plus désagréable que d'avoir l'impression de parler dans le vide, face à quelqu'un qui a le regard absent, ou qui est visiblement dans ses pensées, quand encore il ne s'affaire pas à autre chose ou ne nous tourne pas le dos !
Ses réponses arrivent en décalage, courtes et évasives ou carrément à côté...
On se sent alors mal à l'aise, nul, et sans intérêt pour les autres, même si on n'y est pour rien, mais comment le deviner ?
Si tu ne veux pas infliger cette peine à ton ami(e), veille à l'écouter effectivement, assure-lui une vraie présence. Votre plaisir à communiquer ensemble sera renforcé.

Assurer une vraie présence :

- Oublie tout ce qui peut disperser ton attention (les autres, les passages, les bruits, ton portable...)
- Remets à plus tard ce que tu peux avoir à dire à une tierce personne, ne fais surtout pas d'aparté qui peut être interprèté comme du mépris.
- Rends ton esprit disponible à l'écoute. Tes soucis ou tes humeurs ne concernent pas ton interlocuteur, mets-les de côté.
- Accepte aussi son rythme sans montrer de signes d'impatience ou d'agacement. Si tu as compris très vite, laisse-toi imprégner des images que cela t'évoque. Ta réponse sera plus réfléchie et plus pertinente. Quand ce sera toi le plus lent, tu apprécieras le retour !
- Regarde ton ami en face. Sa position, ses expressions, son regard te donneront autant d'indications que ses mots. Porte un regard bienveillant sur lui pour qu'il sente qu'il est en confiance.
- Concentre-toi sur la conversation. Tu es dans un échange verbal, pas dans un monologue, l'autre a autant d'importance que toi. Il ne s'agit pas de dominer mais de partager.
- Il mérite donc ton intérêt et tu dois lui faire comprendre son importance : questionne-le, encourage-le sincèrement, ou prodigue-lui des attentions.

- Si les conditions d'une conversation ne sont pas réunies, il vaut mieux remettre à plus tard en précisant «Je serai plus disponible... plus tranquille...»
- Si tu n'as pas saisi un mot, privilégie le "pardon ?" ou "comment ?" et contrôle l'automatisme du "hein ?"

Les principales formes d'attention :

- Grâce à l'attention sélective, parmi toutes les informations recueillies par notre cerveau, nous nous focalisons sur celle qui est prioritaire. Nous orientons notre regard ou notre corps vers elle.
- L'attention soutenue : c'est notre capacité à maintenir notre attention dans la durée.
- L'attention divisée nous permet de faire deux choses et plus à la fois, comme parler et conduire par exemple.
- La vigilance maintient notre attention capable de réagir de façon adaptée à un événement impromptu, comme le pêcheur qui surveille son bouchon...

Les troubles de l'attention :

Le déficit d'attention chronique concerne entre 3 et 6% des enfants et des adultes. Des études suggèrent qu'il pourrait être héréditaire, ou la conséquence d'une encéphalite, d'un traumatisme crânien ou d'une naissance prématurée. D'ordre neurologique, il perdure toute la vie mais peut être réduit grâce à des exercices. Il est encore très mal dépisté.

Il se manifeste par :
- l'inattention : difficulté à rester attentif sur une tâche, tendance à la rêverie et facilité à être perturbé par l'environnement (ex : bruits).
- l'hyperactivité : besoin de bouger constamment, de se lever.
- l'impulsivité : tâches réalisées trop rapidement, sans réfléchir ou sans lire les consignes jusqu'au bout et difficulté d'attendre.

La fatigue, le stress, l'alcool, les drogues et le vieillissement peuvent aussi altérer momentanément ou durablement l'attention.

Citations

Les optimistes : ''L'attention de celui qui écoute sert d'accompagnement, dans la musique du discours'' Joseph Joubert (moraliste français 1754-1824)

les pessimistes : ''Sur 100 % du message que nous espérons faire passer, nous n'en formulons que 80 %. Notre interlocuteur n'en entend que 60 %, n'en comprend que 40 % et n'est capable d'en restituer que 20 %.'' Patricia Delahaie (psychosociologue française)

PRIORITÉ A LA PRÉSENCE PHYSIQUE

Lorsque tu as la chance d'avoir la présence physique de ton interlocuteur, tu as l'occasion de créer une conversation de qualité. Tu bénéficies de la richesse de son regard, des expressions de son visage, de sa gestuelle d'accompagnement et même du ressenti qu'il dégage. Ce sont autant de renseignements précieux pour comprendre le poids des mots. La conversation sollicite alors tous tes sens. Tu focalises ta concentration sur l'instant. La moindre absence d'esprit se ressent aussitôt et passe pour du désintérêt.

Alors, imagine la coupure que représente le fait de répondre à une sonnerie qui s'impose comme un trouble-fête, qui laisse l'un des protagonistes sur la touche... réduit à subir une attente selon le bon vouloir de l'autre.

Il n'y a pas mieux pour passer pour un goujat qui se laisse dominer par la technologie, ou un faible aux ordres d'une simple sonnerie ! Sans compter le ridicule de se faire imposer une conversation impromptue alors qu'il existe une messagerie... Là, en un instant, on ruine la complicité naissante de la conversation et on perd l'estime de son interlocuteur. Quel gâchis !

C'est tellement plus valorisant de couper la sonnerie et de dire à ton interlocuteur: «Désolé(e) pour le bruit». Il comprendra que tu choisis clairement le plaisir de converser avec lui. Il se sentira valorisé et tu liras de la reconnaissance dans ses yeux... Toi aussi, tu te sentiras fier de cette disponibilité offerte. De plus, tu montreras que tu sais établir des priorités et donc diriger ta vie !

Patiente, tu écouteras ton message plus tard et tu rappelleras en toute tranquillité.

Vive la patience !

Nous naissons naturellement agités et impatients. L'enfant veut tout et tout de suite ! Il est dans de la toute-puissance. Puis, il apprend progressivement (et non sans pleurs) à se maîtriser quand il faut attendre et à rester calme devant une difficulté. La patience s'acquiert et s'exerce pour devenir une précieuse qualité, une force qui déplace des montagnes. Vois tout ce qu'elle apporte :

- Elle est la base de l'apprentissage car il faut attendre l'ensemble du cours exposé pour comprendre.
- Elle laisse le temps de réfléchir, de mûrir nos décisions, d'en comprendre les conséquences et de faire des choix selon nos valeurs.
- À imposer un temps de frustration, elle décuple le plaisir quand il est là. Elle nous fait goûter l'instant présent avec plus d'intensité.
- Elle protège de nos impulsions d'achats, par exemple sous l'effet de la pub.
- Elle nous aide à accepter les imprévus et à trouver les solutions en cas de conflit.
- Grâce à elle, on accepte aussi les efforts pour construire notre futur.
- Elle stimule notre imaginaire.
- C'est l'anti-stress par excellence.
- Elle fait contre-poids à notre peur viscérale de l'échec.
- Elle nous permet d'aborder la vie avec plus de sérénité.

Bref, elle nous protège, nous fait accéder au bien-être et sert de terreau à nos évolutions les plus positives. On parle à juste titre de la vertu de la patience !

Par contre, son excès confine à l'inertie, l'apathie et au renoncement inutile : c'est une faiblesse.

À tout âge, on peut travailler notre résistance à la frustration. On trouve en ligne des suggestions d'exercices pour enfin profiter des bienfaits de la patience.

Le bon usage du téléphone :

Voici quelques autres règles simples qui feront de toi le possesseur du téléphone et non l'inverse !

- On appelle à des heures respectant le mode de vie de chacun (repas, sommeil, travail).
- On commence toujours par se présenter et proposer de rappeler ultérieurement si on dérange.
- C'est à la personne qui appelle de clore la conversation.
- On ne tient pas deux conversations en même temps, au téléphone et avec un ami à côté de soi.
- On ne fait pas appeler par un intermédiaire.
- On ne prend pas les doubles appels, sauf urgence et dans ce cas on prévient avant.
- Accompagné, à table, à l'hôpital, ou au cinéma, on éteint son portable.
- Éteint, on range l'appareil (et non pas à côté de son assiette par exemple !!).
- En cas de coupure, c'est à l'appelant de renouveler son appel.
- On va à l'essentiel pour ne pas disposer du temps des autres.
- On est encore plus concis lorsqu'on laisse un message.
- On privilégie le vibreur autant que possible pour ne pas déranger avec notre sonnerie (discrète de préférence).
- En cas d'absence, on ne rappelle pas x fois de suite, cela friserait le harcèlement !

- On n'enclenche jamais le haut-parleur sans l'accord de son correspondant, ni sans lui préciser qui entendra la conversation.
- On parle discrètement quand on prend un appel en public. L'idéal est de s'isoler.
- On ne téléphone pas depuis la salle de bains ou les toilettes (bruitages peu respectueux des autres).
- On ne téléphone pas en faisant autre chose (manger ou en caisse de magasin par ex.). Cela s'entend et c'est traiter son correspondant avec désinvolture. En plus, on a besoin de ses 2 mains pour être efficace !
- On soigne son message d'accueil.
- On répond à un message dans un délai raisonnable.

Le milogue :
Une équipe de psychologues de l'université américaine Cornell a créé ce mot (halfalogue) pour désigner la moitié de conversation téléphonique -à mi-chemin entre le monologue et le dialogue- que nous entendons lorsque quelqu'un téléphone à voix haute en public. Par une série de tests, ils ont montré pourquoi ces milogues captent toute notre attention malgré nous et deviennent insupportables pour tout le monde : Notre cerveau a du mal à intégrer ces conversations tronquées qui lui sont imprévisibles et qui le troublent. Des mécanismes cognitifs nous obligent à écouter ce type de conversation et à remplir les blancs sans que nous le voulions ! Notre esprit aux aguets nous épuise. Entendre quelqu'un téléphoner gène et perturbe réellement tout l'entourage.(lefigaro.fr sept 2010)

Tous concernés par les ondes :
Les ondes des champs électromagnétiques auraient des effets sur le sommeil et la fertilité mâle selon le rapport de l'agence de sécurité sanitaire (ANSES) car notre corps absorbe en partie les ondes de ces appareils communicants : wi-fi, tablettes, consoles, baby phone.... Est évoquée aussi la possible augmentation du risque de tumeur cérébrale suite à un usage intensif du télé phone portable. Mais sais-tu ce qui est considéré comme un usage intensif ? Le portable à l'oreille 30 m par jour pendant une vingtaine d'années !! Et toi, quelle est ta durée quotidienne d'expositio ? Par précaution, ne le place jamais allumé sous ton oreiller pendant ton sommeil. Éloigne-le le plus possible et éteint-le.

Faut-il être givré ?
Le lanceur d'alerte Snowden a demandé à ses avocats venus lui rendre visite dans sa cachette, de placer leur portable au frigo. N'ignorant pas que même éteint, ou batterie enlevée, un téléphone reste géo-localisable, il voulait empêcher le passage des ondes radio et la transmission des données grâce aux épaisses parois du frigo. (Courrier international du 8/7/13)

Savoir établir ses priorités :
En déterminant tes priorités, tu vas différencier ce qui est essentiel, urgent, accessoire ou inutile pour toi. Tu vas retrouver du temps disponible et en plus tu seras efficace dans tout ce qui compte pour toi car notre tendance naturelle est de commencer par les activités plaisantes et de nous retrouvés ''coincés'' par le temps pour les plus importantes...
Commence par lister tout ce que tu as à faire. Indique pour chacune sa date butoir et sa durée approximative. Puis classe-les en 4 colonnes selon leur degré de priorité. Affiche ta liste.Si une tâche est plus complexe que les autres, tu peux la diviser en plusieurs plus petites. Choisis-en au moins trois par jour selon leur durée et leur priorité, et engage-toi à les réaliser. Pense à les rayer de ta liste au fur et à mesure, c'est bon pour le moral ! Et garde-toi du temps pour les imprévus.

Les voleurs de temps :
Nous avons tous des voleurs de temps que nous ne remarquons même plus tant ils sont discrets. Ils se cachent dans nos actions quotidiennes et court-circuitent nos priorités. Bavardages, jeux vidéo, recherche d'objets perdus, tâches faciles... à nous de démasquer ces chronophages ! Pour les repérer, rien de tel que de remarquer le temps que nous leur consacrons quotidiennement et de le comparer à ce que nous aurions pu faire pendant ce même laps de temps. Valent-ils autant ou décidons-nous de les limiter strictement ?

Histoire du sage :
Un sage proposa une expérience à ses élèves pour leur enseigner la gestion du temps. Devant lui, un grand vase. Il approcha un seau de galets et les plaça un à un jusqu'à ras bord.
«Est-il plein ?» demanda-t-il à ses élèves. À leur réponse positive, il sortit un seau de graviers qu'il fit lentement couler entre les galets jusqu'en haut du vase.

«Et maintenant ?» Alors qu'ils hésitaient, il sortit un seau de sable fin qu'il déversa entre les graviers jusqu'à ne plus pouvoir en ajouter.
«Et cette fois-ci ?» Ses élèves hochèrent la tête. Le sage se saisit alors de la carafe d'eau sur son bureau et termina de remplir le vase devant ses élèves médusés...
«- Que prouve cette expérience ?
- Que quand on pense ne plus avoir de temps, on peut en trouver encore.
- Non, pas du tout, seulement que si on ne place pas les galets en premier, on ne peut plus faire rentrer le reste !»
Et toi, quels sont tes galets (ou priorités) ?

Connais-tu la **loi de Pareto** selon laquelle 80% des effets sont le produit de 20% des causes ? Par exemple, 80% des réclamations proviennent de 20% des clients ou 20% des produits génèrent 80% du chiffre d'affaire.
Cette loi empirique est une règle de bonne conduite dans de nombreuses situations. Elle permet de se focaliser sur l'essentiel sans s'interdire de travailler sur le tout, mais avec un recul sélectif.
Et si en réalisant 20% des tâches, on accomplissait 80% de notre rôle ? À méditer...

Citations et proverbes

- "La patience est un arbre dont les racines sont amères et les fruits savoureux." Proverbe arabe
- "Il faut choisir ses priorités pour ne pas subir celles des autres". (auteur inconnu)
- "Le temps, ça se prend ou ça se perd ! Si vous voulez en disposer, vous ne pouvez que l'attraper, le choper, le ravir." Hubert Nyssen (écrivain français 1925-2011)
- "Tout arrive plus vite à qui court après." proverbe québécois

Es-tu un procrastinateur ou une procrastinatrice ?

As-tu tendance à toujours remettre certaines tâches au lendemain ? Te lances-tu dans d'autres activités plus agréables pour fuir celle sur laquelle tu bloques ? Connais-tu une certaine difficulté à te mettre au travail ? Es-tu retardataire chronique ?
Si tu réponds oui, c'est oui !
La procrastination est une impulsion.
Nous sommes tous, à des degrés divers, concernés par ce phénomène qui a pour origine une maîtrise insuffisante de soi et de ses désirs... et qui peut se surmonter. Walter Mischel de l'université de Stanford a mené des expériences édifiantes auprès d'enfants en leur proposant le double de guimauve s'ils attendaient son retour dans le quart d'heure qui suivait. 30% ont réussi à différer leur désir en détournant leur attention des friandises ! (lemonde.fr 09.01.2011)

TOUS LES POINTS DE VUE ONT DU BON

Si communiquer avec quelqu'un peut se réduire à informer, avoir une conversation est beaucoup plus riche : nous nous ouvrons à la pensée des autres et échangeons des points de vue. Nous nous enrichissons mutuellement... à condition que chacun puisse exprimer son opinion dans le calme. Sinon autant passer son chemin, c'est une pure perte de temps ! Lorsque tu échanges, tu es à égalité avec autrui, ton opinion ne vaut pas plus que celle de ton interlocuteur. Et surtout, il n'y a aucune offense à sentir quand l'autre ne pense pas comme toi, sinon vos conversations deviendraient d'un mortel ennui...Tu dois faire preuve de tolérance.
Chacun de vous a l'obligation d'écoute et de respect de l'autre, ce qui ne veut pas forcément dire adhérer. En développant vos arguments, vous risquez d'en trouver des communs et peut-être même un accord (ou consensus) pour avancer ensemble malgré la différence de vos points de vue.

Les comportements primaires :

Ils visent à imposer ton point de vue comme étant le seul valable. Ils s'appuient sur :

• **l'agressivité :** dans ce cas, tu te confrontes aux autres et essaies d'imposer ton opinion par la domination intellectuelle ou physique. C'est la loi du plus fort et le conflit assuré.

• **La manipulation :** tu utilises la ruse ou le subterfuge pour ''gagner'' et dominer.

• **La soumission :** c'est abandonner ton droit de débattre en fuyant ou en te taisant face au dominant. Cela entame l'estime de toi. Tu te sens alors incapable de t'affirmer en tant qu'individu.

L'affirmation de soi :

Petit, tu cherches à répondre aux désirs de tes proches et à ne pas les décevoir. Les croyances et les pressions sociales te conditionnent aussi.
Alors, plus âgé, il est parfois très difficile de t'affirmer. Tu n'oses pas donner ton opinion, tu laisses parler les autres pour toi, tu as peur d'être rejeté(e)... et tu as une image négative de toi.
Pour sortir de ce cercle vicieux, et regagner ton estime de toi, utilise le ''je'' pour parler (tu t'affirmes alors sans remettre les autres en cause).

Face à un comportement primaire, réponds sans agressivité : «j'entends tes arguments mais j'ai un autre point de vue et je voudrais l'exposer à mon tour.» Tu as autant de qualités et de droits que tes interlocuteurs pour te faire entendre ! Tu reprendras progressivement confiance en toi. Un psychologue peut aussi te donner de précieux conseils.

La tolérance... et ses limites :
C'est un état d'esprit ouvert qui nous fait accepter des autres manières de penser ou d'agir que les nôtres. Elle permet à une société de rester unie malgré la diversité d'opinions, de croyances, d'orientations sexuelles... Elle est facteur de paix.
Il ne faut pas la confondre avec l'indifférence, la soumission, l'indulgence ou la permissivité qui permet sans condition. La personne ou la société tolérante ne doit pas se mettre en danger face au sectarisme ou au fanatisme par exemple. Trop de tolérance peut mener au laxisme (laisser aller) et révéler une peur de l'affrontement. Nous avons le devoir de réagir quand notre seuil de tolérance est atteint.

Le sais-tu ?
le premier festival des conversations a eu lieu à Paris en avril 2013 pour réhabiliter l'art de la conversation dans un monde où les écrans isolent au travail comme dans la vie privée. Selon France-culture, intervenants et participants, ont tous été unanimes : un beau dialogue est un dialogue placé sous le signe de la bienveillance, de l'ouverture et de la gratuité : «On a tous besoin d'être aimé, d'être charmé et de charmer.»

La liberté d'expression :
Voici un précieux bien collectif, résultat de notre histoire mouvementée : combien a-t-il fallu de morts pour l'obtenir !
Nous vivons pour la plupart en démocratie (les citoyens sont souverains) et nous disposons du droit d'exprimer tout haut ce que nous pensons à condition de ne pas insulter ni calomnier et de respecter les valeurs qui fondent notre société.
Le droit de s'exprimer va de pair avec le devoir de s'informer pour garder sa libre pensée et ne pas devenir des ''moutons''...

Histoire :
En 1763, pour réparer l'erreur judiciaire de l'affaire Calas, Voltaire a écrit un "traité de la tolérance qui s'est progressivement imposé comme un ouvrage de portée universelle.

Connais-tu l'édit de tolérance ?
C'est l'édit de Versailles par lequel en 1787, Louis XVI accordait un état-civil aux protestants et aux non-catholiques. Auparavant, ni leurs mariages, ni leurs naissances n'étaient reconnus ! L'édit leur assure le droit d'exister sans être persécutés pour leurs croyances religieuses.

En Suisse,
Par son histoire, la Suisse est composée de régions et de groupes aux intérêts et aux opinions très diverses. Les Suisses et leurs politiciens sont passés maîtres dans l'art de trouver les meilleurs compromis (consensus) pour faire avancer pacifiquement l'intérêt général bien compris. Plutôt que de s'affronter sur leurs différences, ils recherchent leurs points d'accord. Les citoyens sont souvent consultés par référendum appelé "votation".

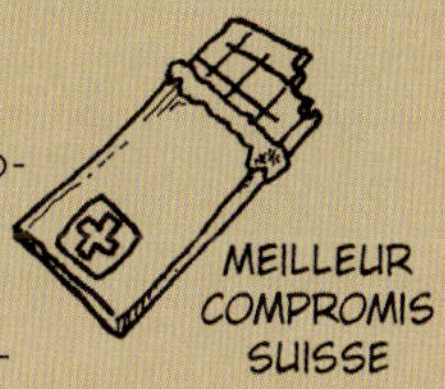

"La vraie tolérance consiste à voir large sans perdre la mesure". Anne Baratin (femme de lettres française 1845-1911)

COMMUNIQUER

LA CONVERSATION APPARTIENT À CEUX QUI LA FONT

La conversation est un moment choisi d'échange souvent convivial. On se sent ''entre soi'', dans une bulle chaleureuse. Alors bien sur, celle-ci irradie.

Si tu en es à l'extérieur, elle peut te donner envie de t'y intégrer et de participer. Ton désir croît si tu te sens compétent pour le sujet de la conversation :

tu as des éléments de réponse que tu aimerais communiquer.

Tu brûles d'envie de corriger ce qui te semble des erreurs... Tu aurais tellement à apporter... comment faire ?

Mais non, tu n'interviens pas par toi-même. De quel droit le ferais-tu ?

Tu les dérangerais dans leur ''entre-soi'', ils se sentiraient à juste titre envahis, ils instaureraient immédiatement une distance de protection et se fermeraient. Peut-être même que ton intrusion sonnerait le glas de la conversation ! De plus, tu leur laisserais de toi l'image peu flatteuse de quelqu'un qui se mêle de tout. Tu vois, tu aurais tout à perdre.

N'interviens jamais dans la conversation d'autrui sans y être expressément invité. Fais-en une règle de conduite.

Ne montre pas de façon ostensible que tu ne perds pas une miette de la conversation, ce serait une façon muette de prendre place parmi eux. Si la tentation est trop forte, éloigne-toi, pense à autre chose. Affiche au contraire de la distance et de la discrétion. Tu seras alors ressenti comme un soutien plutôt qu'un perturbateur potentiel. S'ils désirent élargir leur cercle de conversation, l'un des participants te demandera sans doute ton avis. Dans ce cas, tu seras un invité souhaité mais veille à plus écouter que monopoliser la parole, de sorte qu'ils n'aient pas à le regretter !

INTERROMPRE POUR RAISON URGENTE :
C'est différent. Si tu as quelque chose d'important à demander à quelqu'un en pleine conversation, et que cela ne supporte pas l'attente, tu peux après une fin de phrase demander à la personne si elle a un court instant d'attention. Mais sois discret et ne l'interrompt pas.

Expressions :
L'origine de ''Occupe-toi de tes oignons'' a deux versions. Au XIX ième siècle, en argot l'oigne désignait indifféremment le cul, l'anus ou le pied. Cette expression serait une variante de ''Occupe-toi de tes fesses''. Une autre explication viendrait du centre de la France où les femmes disposaient du droit de cultiver pour leur propre bénéfice un carré de jardin qu'elles plantaient d'oignons qu'elles vendaient ensuite au marché. Si par malheur elles intervenaient dans les affaires d'hommes, elles se faisaient renvoyer à leur domaine.
As-tu déjà utilisé l'expression plus récente: ''Je ne t'ai pas demandé l'heure.'' ?
En Suède et en Espagne, on suggère au cordonnier de retourner à ses chaussures...
Toutes ces expressions incitent à éviter le conflit et à garder la distance salvatrice.

Pourquoi se mêle-t-on de tout ?
C'est une habitude qui donne le sentiment d'être utile aux autres et de leur rendre même service mais qui cache en fait une fuite pour ne jamais parler de soi ni s'interroger sur soi. L'intrusif affiche des certitudes, donne des conseils à ceux qui ne lui demandent rien. Il vit ainsi par procuration.
Il manque d'estime de lui et cherche à se valoriser en prouvant quelque chose. Il place les autres dans une position infantile comme s'ils ne savaient pas se prendre en charge. Il n'accepte pas leur différence.
Il faut se protéger de lui et lui placer des limites tout en reconnaissant sa bienveillance.
S'il veut sortir de ce schéma, l'intrusif doit s'efforcer de :
- s'occuper plus de lui-même en tenant un journal intime et en s'offrant des moments de détente par exemple,
- s'engager d'une autre façon pour les autres, dans une association d'aide éventuellement,
- faire confiance aux autres,
- accepter de les écouter sans intervenir s'ils ne le demandent pas.

Citations

''Ne te mêle pas d'aider l'éléphant à porter ses défenses.'' Proverbe siamois
''Sel et conseils ne se donnent qu'à celui qui les demande.'' Proverbe roumain

Fable :

Dans la fable ''Le cheval et le loup'' de Jean de La Fontaine, le loup tire lui-même la morale de son ingérence : ''C'est bien fait, chacun à son métier doit toujours s'attacher.''

Les vendeurs français trop intrusifs ?

Un sondage IFOP révèle que 76% des personnes interrogées n'apprécient pas l'aide d'un vendeur en magasin. 55% ont même différé un achat à cause d'un vendeur trop insistant. Les français n'ont pas la culture du service comme aux USA ou en Asie. (Journal Le Monde du 23/06/2010)

Ado et parents intrusifs :

Les parents ont la responsabilité de veiller sur leurs enfants et quand ceux-ci deviennent grands, il est parfois difficile de les lâcher pour qu'ils prennent leur envol. Des habitudes que l'ado juge intrusives perdurent parfois, comme rentrer dans sa chambre, ranger ses affaires, se mêler de son look, le questionner par son portable...

Une discussion franche pour leur dire ''Vous pouvez et devez me faire confiance'' peut leur permettre de prendre de la distance.

Histoire et ingérences :

L'opposition entre catholiques et protestants a abouti au XVI ième siècle à une terrible guerre civile qui a ravagé le royaume de France. Une des causes du conflit a été l'ingérence des pays voisins qui cherchaient à affaiblir la France pour prendre la suprématie. Ainsi la reine d'Angleterre soutenait militairement et financièrement les protestants tandis que le roi d'Espagne faisant de même avec les catholiques, à tel point que le sol français semblait être devenu leur terrain de combat interposé !

LE DROIT D'INGÉRENCE HUMANITAIRE :

Lors de conflits nationaux, les autres états ont le devoir de neutralité et de non-ingérence pour laisser le pays présider à sa destinée. Mais suite à l'immense famine due à la guerre du Biafra (1967/70), où un à deux millions de personnes ont péri sans secours international, l'ONU a eu le pouvoir de voter des résolutions pour intervenir en cas de violation massive des droits de l'homme.

PRÉSERVER LE FAIBLE

Il reste en chacun de nous de vieux réflexes d'animalité que nous parvenons à maitriser en étant civilisés. Notre esprit reptilien, comme on l'appelle, nous pousse à la domination, à la possession et à la facilité. Il s'inscrit dans l'instant, veut, impose et prend, sans aucune considération pour autrui.
Notre esprit civilisé agit, lui, dans notre intérêt à long terme qui est de rester groupés. Il s'inscrit dans l'avenir, pratique la concession, connait le scrupule et la solidarité.
Ces deux-là s'opposent depuis toujours dans nos têtes. L'esprit civilisé l'emporte... mais il y a parfois des ratés conséquents.
Si tu réfléchis raisonnablement, tu sens que ce que tu as obtenu par la violence mentale ou physique est indu, qu'il s'apparente à du vol et à de l'extorsion. Tu ne peux en tirer une réelle et saine satisfaction, de plus tu enfreins la loi. Par contre, ce que tu obtiens avec accord est reçu comme un cadeau dont tu peux profiter pleinement. Il a été objet d'échange, de respect, voire de plaisir. Il a une histoire, un contexte positif l'accompagne.
La possession est la même mais sa qualité fait toute la différence !
Par toi-même, tu sens la nature de ce qui t'anime. Écoute-toi. Lorsque ton esprit reptilien cherche à prendre les commandes, résiste par la raison. Place-toi des limites, des interdits que par principe tu ne franchis pas quelles que soient les circonstances. Tu pourras ainsi mener ta vie plutôt que la subir, et cette différence de qualité rend heureux !
L'intelligence et notre humanité nous enjoignent de protéger les plus faibles du groupe, de les préserver. Leur place sera peut-être la nôtre un prochain jour et nous apprécierons l'aide d'autrui. Il est individualiste.

LA LOI :

Une personne âgée ou fragile, un enfant sont vulnérables. Quelqu'un de peu scrupuleux et d'intéressé les voit comme des proies faciles pour obtenir quelque chose en profitant de leur faiblesse ou de leur crédulité. Quel qu'en soit le mode opératoire -manipulation, menace, chantage, intimidation ou force physique- la loi interdit et sanctionne sévèrement l'abus de faiblesse.

Si tu es témoin d'un abus, tu as l'obligation d'aide au plus faible, directement en le soustrayant à son agresseur ou en témoignant de ce que tu as vu auprès d'un adulte responsable.

Les formes de violence réprimées par la loi :

Le racket, mot anglais qui signifie vacarme ou escroquerie au sens figuré et qui prend le nom de taxage au Québec, est un vol avec violence. L'agresseur s'attaque aux plus isolés ou aux plus faibles. Il use de la force physique, de la menace de violence ou du chantage pour contraindre sa victime à lui remettre par elle-même un bien.
Cette situation n'est pas normale. Il faut en parler dès que possible à ses parents et à l'administration de son école.

Ne rien dire, c'est inciter le/s racketteur/s à recommencer. Les victimes hésitent souvent à briser la loi du silence parce qu'elles se sentent honteuses de leur faiblesse et qu'elles craignent les représailles, ce qui est pourtant très rare.
En 10 ans, le nombre d'élèves rackettés a augmenté de 77% selon le ministère de l'intérieur! (source Maif) Il sévit dès l'école primaire mais touche surtout le collège.

Le harcèlement moral :
c'est une violence insidieuse qui vise à détruire psychologiquement la victime pour mieux la manipuler. M. F. Hirigoyen qui a contribué à la reconnaissance de cette violence par la loi, précise : ''La manipulation fait partie de la vie, ce qui fait la différence, c'est l'intentionnalité.'' Dans cette catégorie, on trouve le pervers narcissique, particulièrement dangereux et incurable. Il représente 3% de la population. Sa technique : il séduit, puis assure son emprise et assujettit l'autre. C'est un vampire affectif. (site Pervertus)
La cyberintimidation et l'intimidation sociale (exclure, ignorer délibérément, répandre des rumeurs, blagues méchantes) sont à inclure dans le harcèlerment moral.

Le viol ou l'utilisation du corps de l'autre pour un acte sexuel sans son consentement. Pourtant, dans ce domaine le bonheur de partager est primordial. L'agresseur ne contrôle plus son désir animal. La victime a le sentiment de ne plus s'appartenir. Cela arrive parfois de proches qui sont sensés la défendre. Se confier à quelqu'un de confiance lui permettra de faire reconnaître ses droits sans honte et de commencer à se reconstruire. Le viol en réunion, un groupe d'agresseurs contre la même victime, aggrave l'acte au regard de la loi. Un témoin devient complice s'il n'intervient pas.

Le bizutage : Ce rituel basé sur la contrainte et souvent la violence que tout nouveau devait passer pour intégrer un groupe, l'armée, l'école a été la source de nombreux débordements.
(Se reporter à la page 169 ''Les bastions de l'humiliation'')

L'agression physique :
Rien ne saurait justifier les coups. Nous ne disposons que du pouvoir de la parole pour échanger avec les autres et nous devons accepter qu'ils agissent comme ils l'entendent en assumant leurs choix. Le happy slapping ou agression filmée aggrave encore le délit.

Les scrupules :
Ce sont les doutes et les hésitations qui nous amènent à nous interroger sur le bien-fondé d'une action avant de nous y engager. Ils révèlent notre crainte de mal faire sur le plan moral. Il est sain de les écouter.

Connais-tu le racketiciel?
C'est un logiciel qui est imposé et vendu avec du matériel informatique. L'acheteur ne peut en choisir un autre. Il s'agit d'une vente de force, liée à un autre achat... et illégale.

Citation

"Il est plus facile de s'en prendre aux autres que de de reconnaître ses propres faiblesses." Christophe Rufin (médecin-écrivain français né en 1952)
"Dans la vie, il y a des rencontres stimulantes qui nous incitent à donner le meilleur de nous-même, il est aussi des rencontres qui nous minent et peuvent finir par nous briser." M-France Hirigoyen (médecin psychothérapeute née en 1949
"Scrupule : poids léger qui suffit à faire pencher la balance." Jules Renard (écrivain français 1864-1910)

Film :
Un film canadien relate le cyberharcèlement de Taylor, une jeune adolescente de 17 ans. Il s'appelle "le mur des lamentations". L'as-tu déjà vu ?

Histoire:
Profitant de la maladie du roi Charles VI qui souffrait d'accès de folie, Philipe III de Bourgogne lui fit signer le traité de Troyes en mai 1420. La légitimité du dauphin y était niée, la fille du roi Catherine de Valois était promise à Henri V d'Angleterre. Ce dernier devenait au décès du roi l'unique héritier de la couronne de France.
C'est grâce à Jeanne d'Arc qui repoussa les Anglais, que le dauphin put retrouver sa légitimité et accéder au trône sous le nom de Charles VII. Durant 4 siècles, les rois d'Angleterre continuèrent à garder malgré tout le titre de rois de France !

LA CHANCE D'ÊTRE UNIQUE

«Mais pourquoi Camille réussit partout ? Le charme de Kim hypnotise le sexe opposé, quelle chance ! Mais comment Lou trouve le temps, et moi pas, de pratiquer tous les sports qui m'intéressent ? Sans parler de la veine d'Alix qui dispose du matériel dernier cri !»

Tu aimerais bien être à leur place...
Mais toi, qu'as-tu d'envié par tes amis, qui es-tu ?
Tu vis dans une société qui te noie sous les informations et les sollicitations, tes envies et tes frustrations croissent de pair. Te comparer aux autres peut être une folie destructrice.
Nous sommes tous irrémédiablement différents. Ce n'est pas parce que ton ami a jugé que quelque chose était bien pour lui que cela l'est aussi pour toi. Cette idée sème en toi la graine d'envie puis de jalousie qui développe une amertume et des pensées négatives. Se comparer aux autres épuise, démoralise et empêche d'avancer.

Tu es toi, unique, riche de tes originalités, de ton expérience, de ton regard, de ta sensibilité, de tes capacités. Si tu ne considères pas la richesse intérieure qui est la tienne, tu manques d'estime de toi et de confiance. Tu commets alors l'erreur de te tourner vers l'extérieur pour les trouver... mais tu te perds.

La seule personne à qui tu dois te comparer, c'est toi-même ! Qui es-tu ? Liste tes points positifs. Qu'est-ce qui te convient ? Remarque tes changements, tes progrès... Occupe-toi de ce qui est bon pour toi et tu n'envieras pas les autres. Tu apprécieras chacun pour ce qu'il a de spécifique, et d'original sans vouloir lui ressembler. Et toi, concentre-toi sur tes propres capacités. Tu apprécieras et développeras ce que tu as.

Faire le deuil de l'égalité :

Se comparer à quelqu'un, c'est désirer être son égal sur les points qui nous font envie. Mais l'égalité entre les personnes est une illusion qu'il faut abandonner. Même si on donnait un "package" identique à un groupe de personnes, un mois plus tard, elles en auraient toutes fait quelque chose de différent.

Réfléchis, nous avons tous un physique, des pensées, un vécu, des origines, des talents, une intelligence et une condition différents. Cette diversité est notre richesse. Grâce à elle, nous créons. À considérer les choses sous divers angles et à confronter nos résultats, nous trouvons plus vite les solutions et nous faisons avancer notre groupe social (famille, entreprise, pays...). Il est essentiel de cultiver nos différences. De plus, elles nous motivent. Imagine un instant dans quel ennui nous vivrions si nous étions tous semblables !

Quand un état parle d'égalité, il s'agit de l'égalité de traitement (justice, devoirs, impôts...) entre ses citoyens, à ne pas opposer à l'inégalité inhérente à l'humain.

Quand la recherche se fait aider :

Le cerveau humain étant le meilleur outil pour identifier des trajectoires, les chercheurs du C.E.R.N. (recherche nucléaire européenne à Genève), qui tentent de vérifier si l'antimatière se comporte comme de la matière, sollicitent des internautes pour passer au crible des photographies en ligne. La diversité des regards enrichit les résultats.

La différence entre envie et jalousie :

L'envie met en scène deux personnes. L'envieux voudrait quelque chose de l'autre qu'il n'a pas lui-même et il est tenté de le lui prendre.
La jalousie concerne trois personnes. Le jaloux a peur que son rival ne le dépossède de la personne qui lui ''appartient''.

LE MÉCANISME DE LA JALOUSIE :

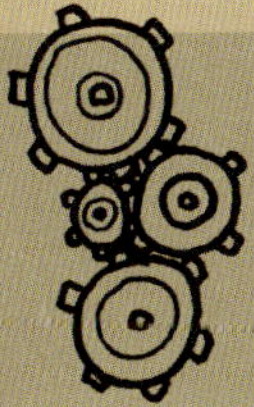

Il existe trois degrés, le jaloux souhaite soit
- plus d'attention,
  qu'on s'intéresse à lui plus qu'aux autres,
-qu'on ne s'intéresse qu'à lui !

1- On peut vivre une jalousie amoureuse. Dans ce cas, on se sent en insécurité et on craint de perdre sa place auprès de son amoureux/se. En fait, on doute surtout de ses capacités à séduire, on souffre d'un sentiment d'infériorité.

2- La famille peut aussi focaliser la jalousie. On craint de perdre la place qu'on occupe auprès de ses parents et on jalouse les frères et sœurs. On cherche à savoir qui est le préféré et on se fait mal.Si on n'ose se l'avouer, cela peut se traduire par des actes manqués : par exemple, oublier sous la pluie le mobile du petit frère...

3- La jalousie entre amis signifie que le jaloux est dépendant de son ami/e. Il craint son éloignement.

4- En classe ou au travail, le jaloux agit comme si le professeur ou le patron était son propre parent dont il lui faudrait garder l'attention.

Le sentiment de jalousie est normal et concerne tout le monde de façon ponctuelle. Si on a une bonne image de soi, on parvient à le gérer.
Mais si on a peu d'estime de soi, il peut prendre des proportions envahissantes et devenir un mode (maladif) de relation aux autres. Il faut alors en parler à un professionnel pour sortir de cet enfer...
Il arrive aussi que certains projettent sur l'autre ce qu'ils feraient eux-mêmes à cette occasion-là : une infidélité.
Dans tous les cas, la jalousie provoque la souffrance, mais dans ses formes sévères, elle pousse au soupçon, à la surveillance de l'autre, elle devient obsession, transforme l'autre en objet possédé. On parle alors de délire de jalousie car le jaloux ne fait plus que chercher des preuves pour justifier ses soupçons. Il interprète le moindre détail selon son délire. Il détruit.

La jalousie peut pousser à envier les affaires des autres, à copier leur vie, ou à usurper leur identité en se faisant passer pour eux et ternir leur réputation. La création de faux profils sur les réseaux sociaux avec commentaires injurieux ou textos d'insultes avec un portable volé par exemple sont devenus fréquents. Ils sont bien sûr punis par la loi. Quand la jalousie est la cause d'un meurtre (ou tentative), on parle de "crime passionnel".

Citations et proverbe

"L'herbe est toujours plus verte dans le pré d'à côté." Proverbe
"Jouir d'un rien quand d'autres meurent de frustrations" Stéphane Froidevaux (poète amateur né en 1966)
"La renommée est un instrument à vent qui fait raisonner les soupçons, la jalousie, les conjectures." William Shakespeare (dramaturge anglais 1564-1616)

Histoire et jalousie :
Nicolas Fouquet, surintendant des finances de Louis XIV (1615-1680) qui avait investi sa fortune dans son château de Vaux-le-Viconte fit une grande fête pour marquer son achèvement : invitation du roi, jets d'eau, feux d'artifice, somptueux banquet, représentation théâtrale d'une comédie de Molière... Il déploya tant de richesse que son rival Colbert, fou de jalousie, l'accusa de détournement de fonds de la bourse royale et réussit à instiller le doute dans l'esprit du roi. Fouquet fut arrêté et condamné à la prison à perpétuité.

Les animaux aussi :
En 2010, à Metz, un chien attaqua par jalousie l'ami de sa maitresse alors qu'il était nu. Ce dernier du passer par le balcon pour protéger sa virilité !
Les animaux de compagnie vivant avec une personne seule sont parfois sensibles à l'intrusion d'un tiers dans leur univers. La vigilance s'impose par précaution. Les accidents sont malgré tout rares.

SNOB COMME UNE BULLE DE SAVON

"La mode", passée son heure de gloire, est poussée par la suivante. Elle touche tous les domaines, de la pensée à l'électroménager, de la lecture aux opérations esthétiques, des blagues aux salons de jardin. Elle rend caduque et dépassé ce qui la précède, elle flatte l'achat tendance et permet aux plus démunis de se trouver une importance pour faire référence dans un groupe. Elle peut devenir un véritable diktat pour les faibles, un substitut de jugement, un piège.
Les snobs feignent d'aimer ce qui est à la mode simplement parce qu'ils croient flatteur de l'aimer, et tant pis si c'est le contraire de ce qu'ils aimaient encore hier.

À force de fonctionner par mimétisme, ils ne savent plus qui ils sont vraiment. Mais ils expriment beaucoup de mépris pour ceux qu'ils estiment inférieurs. Ils les traitent de haut, les snobent. Leur attitude est si superficielle et si désagréable qu'ils font fuir leurs amis. Ils se retrouvent souvent seuls, emprunts de suffisance et de certitudes.
Tu as plus de personnalité que ça et tu es capable de reconnaître ce qui correspond à tes goûts. Ton esprit critique t'aide à juger par toi-même. Tu es singulier, pourquoi te conduirais-tu comme un mouton ? Ose dire ce que tu aimes, nouveau ou pas. Ne crains pas de ne pas être à la mode, elle changera demain... mais tes amis resteront auprès de quelqu'un de naturel qui sait s'affirmer comme toi.

Exerce ton esprit critique :
C'est une façon de ne rien accepter sans t'interroger, de remettre en question les opinions, les arguments, la source et réduire ainsi tes éventuelles erreurs de jugement.
Avoir l'esprit critique est indispensable pour :
- Ne pas être crédule, et prendre pour acquises les informations parce qu'on les a entendues à la télévision, ou qu'elles ont été données par des personnes d'autorité.
- Te forger ton opinion personnelle, selon ta psychologie et tes valeurs morales.
- Ne pas te faire manipuler par autrui ou par les médias qui ont besoin de créer le buzz avec du sensationnel ou de jouer sur la corde sensible.
- Avoir une réflexion sur le monde dans lequel tu vis. C'est une manière saine de vivre en démocratie, une sorte d'alerte pour rester vigilant.

Méthode :

- Commence à douter lorsque qu'il te manque des éléments pour cerner l'information. Tu dois pouvoir la replacer dans son contexte et répondre aux questions qui, quoi, où, quand, comment, pourquoi ?
- Demande-toi quel intérêt l'information peut présenter et pour qui : ''à qui profite le crime ?''
- Évite les ''J'y crois, donc c'est vrai.''

Oublie les ''Ils l'ont dit à la télé.'' donc c'est vrai aussi.

L'origine du mot critique vient du grec ''kpiticoc'' et signifie ''qui discerne''.

Deux exemples:

- ''On voit la muraille de Chine depuis l'espace'' ne résiste pas à l'esprit critique. Large de 5 à 7 m, on ne peut mathématiquement la voir à l'oeil nu que jusqu'à 21 km, donc pas de l'espace à 300 km. (liberation.fr/sciences)
- Son esprit critique aiguisé et ses convictions ont amené Stephan Hessel à marquer son désaccord pour des choix de société effectués politiquement. En 2010, il en a écrit un livre ''Indignez-vous'' qui a connu un vif succès.

Citations

''Un snob est un sot qui se regarde à la glace sans se voir. S'il se voyait, il se trouverait ridicule.'' Baron Foulquier (La politesse française 1907)

''Le snobisme ne donne pas le goût mais il supplée au manque d'opinion.'' Alfred Capus (dramaturge français 1857-1922)

''Le snobisme, c'est une bulle de champagne qui hésite entre le pet et le rot.'' Serge Gainsbourg (Auteur-compositeur français 1928-1991)

Jeu des synonymes :

Te faut-il développer snobisme ou affectation, pédanterie, hypocrisie, simagrée, cabotinage, fanfaronnade, forfanterie...

pour avoir le sentiment :

d'être à la mode, branché, dans le coup, le vent, à la page, dernier cri, câblé, fashion, in, tendance ou au goût du jour...

Qu'en penses-tu?

♫ ♪ ♫ Chanson ♫ ♪ ♫:

Connais-tu la chanson de Boris Vian ''J'suis snob.'' (1954) ?

BON RIRE NE SAURAIT ENVAHIR

Le bonheur de rire ne se boude pas. Un instant, tu t'abandonnes et te détends . L'éclat de rire, lui, te surprend et tu en oublies tout le reste. Quant au fou-rire, tu ne le contiens plus, il te domine à ton corps défendant, quel que soit le lieu ou le moment... pas forcément juste.

Lorsque tu es avec des amis, pense malgré tout à ton entourage qui n'est pas forcément dans la même humeur. Souvent le rire est communicatif, mais il peut aussi irriter quelqu'un de fatigué, déranger une personne qui aspire au calme ou qui lit. Il peut aussi en renvoyer une autre à sa solitude ou à un bonheur perdu.

Ton plaisir, si grand soit-il, ne doit pas perturber ton entourage. Tu donnerais une image défavorable de toi (comme celui qui ne tient pas compte des autres ou quelqu'un de vulgaire). Ne parle pas trop fort non plus, y compris lorsque tu téléphones, ce serait les inviter par la contrainte à t'écouter... . En plus tu participerais à l'augmentation du volume sonore qui engendre le stress.

En public, pratique la discrétion. Ne prends que ta ''place''.

Riez, c'est excellent pour la santé !

- Le rire élimine les tensions en agissant sur la respiration. Il fait fonction de décharge émotive.
- Il réduit notre stress et améliore notre endormissement.
- Il fait effet de massage abdominal et régularise notre digestion.
- Quand nous avons mal, le rire atténue la douleur.
- Il facilite nos échanges respiratoires, multiplie par trois leur valeur. Cela permet de ''nettoyer les voies et de mieux oxygéner le sang.
- Selon certaines études, il serait également bénéfique pour le cœur (Dr Yvon St-Arnaud) et renforcerait le système immunitaire. (Valeurs mutualistes n°276 de février 2012).

Pourtant, nous perdons notre sens de l'humour. D'après Michael Titze, psychologue allemand, dans les années 50, nous riions 18 minutes/jour contre 6 minutes actuellement ! Les enfants rient entre 300 et 400 fois par jour, mais les adultes environ 15 fois...

Connais-tu la rigolothérapie ou gélothérapie ?

Une philosophe québécoise, Paule Desgagnés, utilise le rire à but thérapeutique : elle dédramatise les situations et aide à voir le bon côté des choses. De même, l'hôpital général d'Ottawa met à disposition de ses malades des salles du rire avec B.D., livres, revues, films comiques et a du personnel formé au métier de clown. Les patients sont mieux disposés pour lutter efficacement contre leur maladie.

Et les clubs de rire ?

Un médecin indien, Madan Kataria a créé le premier club à Bombay pour amener ses participants au bien-être avec un yoga du rire. Depuis, son club a essaimé dans les grandes villes étrangères. Il y en existe plus de 5000 à travers le monde. Serais-tu tenté d'y aller ?

Histoire :

Jusqu'au règne de Louis XIV, les rois traitaient des affaires du royaume avec leurs sages conseillers. Pour changer d'humeur, ils aimaient s'attacher les services d'un bouffon qui les faisait rire de tout, y compris du roi !

Au siècle dernier, les chansonniers ont pris le relais de l'ironie politique. Actuellement, ce genre est détenu par des humoristes politiquement engagés.

Les spectacles comiques sont très prisés pendant les périodes d'angoisse collective. Par exemple, leur nombre explosa sous l'occupation allemande en France pendant la seconde guerre mondiale. Des artistes comme Fernandel attiraient des foules avides de détente.

De tout temps, le carnaval a eu aussi la fonction sociale d'évacuer le stress par le rire, il sert de défouloir au peuple. Les plus célèbres : carnaval de Venise, de Rio.

"Les gens qui ne rient jamais ne sont pas des gens sérieux." Alphonse Allais (humoriste français 1854-1905)

"La discrétion est une vertu silencieuse." Louis Deniset (politicien canadien 1919-1983)

"Faites-vous rare, on vous aimera." Proverbe turc

Éloge de la discrétion :

Contrairement au relâchement complet, en gardant une légère réserve et un peu de retenue dans le comportement, tu appréhendes mieux le contexte dans lequel tu évolues. Cela t'aide à maitriser tes émotions et te rend plus réactif quand délicatesse et pudeur sont de mises pour la situation.

La discrétion comme acte de résistance : dans notre époque hyper médiatisée, le besoin de reconnaissance nous pousse à nous exposer sur les réseaux sociaux pour faire notre autopromotion et capter l'attention des autres par une sorte d'exhibitionnisme permanent. Cela est facteur de stress et de fatigue. Pourtant, la vraie vie ne passe pas par la popularité et la toile. Nous devenons victimes d'un diktat.
Pour lui résister, des chercheurs, écrivains, philosophes préconisent la discrétion. Elle nous place en position de retrait, loin des dérapages verbaux. Nous découvrons alors le plaisir d'observer avec bienveillance nos proches, de mieux les comprendre et de mieux communiquer avec eux. Nous devenons plus sensibles et plus attentifs à l'extérieur. Notre qualité de vie s'en trouve améliorée. Et nous prouvons que nous pouvons exister et avoir une valeur par nous-mêmes.
Comprends-tu ce besoin de résister ?

Dis-moi quel est ton rire, je te dirai qui tu es :

Le rire dispose d'une large palette pour extérioriser nos émotions et le vocabulaire français en a tout autant. Notre façon de rire indique donc notre réel état d'esprit.
- Dans la catégorie des rires sympathiques, on a le fou rire, le rire bruyant (au sens de convivial), le rire franc, le rire éclatant ou encore le rire contagieux ou communicatif.
- Le rire jaune, le rire forcé/contraint ou le rire gêné sont à classer dans les rires tendus.
- Nous avons aussi les rires timides avec le rire de contenance, le rire pincé, le rire discret et le rire étouffé.
- Les rires mal placés à éviter : le rire déplacé, le rire nerveux,
- Les rires pas sympa : le rire mauvais, le rire ironique/sarcastique, le rire moqueur, le rire narquois et le rire méprisant.
- Celui qu'on n'entend pas : le rire intérieur.
- Ceux qui restent : le rire amer ou grinçant, le rire gras ou épais (vulgaire, grossier), le rire dément/satanique, le rire idiot, et le rire sensuel.

Méfie-toi du rire que tu véhicules...

Des rires très spéciaux et incontrôlables :

- En 1799, Humphrey Davy découvrit les propriétés euphoriques du protoxyques d'azote, connu maintenant sous le nom de gaz hilarant. Des spectacles de gaz à rire furent même organisés par Barnum à New York en 1844 ! Et le hasard voulut qu'au cours d'un de ceux-ci, un spectateur dentiste de son métier, Horace Wells, découvrit la propriété anti douleur de ce gaz. Il le testa sur lui-même en se faisant arracher une dent, puis l'adopta pour ses patients. Les soins dentaires sans douleur étaient nés !
- Autre rire incontrôlable : les chatouilles dont on étudie encore le mécanisme...

Peut-on rire de tout ?

Lieu, religion, physique, handicap, fonctions officielles...
A cette question, l'humoriste Pierre Desproges avait répondu : oui, ''mais pas avec n'importe qui''. Et toi, que répondrais-tu Pourquoi ?

Expressions :

Si ''Qui rira bien, rira le dernier'' contient une bonne dose de rancune face au rire moqueur, ''Hurler de rire'' et ''mourir de rire''n'ont rien de douloureux, tandis que ''pouffer de rire'' provoque un sourire intérieur rien qu'en lisant ces trois mots. Le remarques-tu?

Quelle différence entre humour et ironie ?

Par humour, nous rions des autres, mais tout autant de soi. Nous nous incluons dans ce que nous disons tandis que l'ironie ou la dérision ne concernent que les autres, pas nous. Elles deviennent une arme.
Quand nous pratiquons l'humour, nous faisons en quelque sorte le deuil de notre côté parfait espéré. C'est un signe de saine humilité, souvent résumé dans la formule : ''Il faut savoir rire de soi avant de rire des autres''.

Phénomène insolite :

En 1962, en Tanzanie, une épidémie de rire a sévi durant 6 mois avant de disparaître par elle-même. Elle ne concernait que les jeunes et a nécessité la fermeture de 14 écoles. Les plus atteints ont ri durant 16 jours d'affilée. Les autorités paniquées en ont cherché en vain la cause avec les analyses de l'eau, de la nourriture, et d'échantillons de sang.
Un expert américain fut dépêché... et ne trouva rien.

TACT : À CONSOMMER SANS MODÉRATION

Es-tu un éternel gaffeur/une éternelle gaffeuse qui parle spontanément, sans détour, quelque soit son auditoire ? Et qui ensuite se justifie en disant «Ce ne sont que des mots.» ou «C'est l'intention qui compte.» ou encore «Moi, je ne suis pas hypocrite, c'est la rançon de ma franchise.» et «Ce n'est pas ce que j'ai voulu dire, moi, je me comprends.»

Autant d'excuses pour ne pas se remettre en question et repousser un changement d'attitude... qui nécessite un effort d'adaptation sans doute trop contraignant.

Et si la réelle hypocrisie était plutôt de ne pas reconnaître que tes mots ont une valeur et un poids différents selon le contexte, le ton et le vécu de tes interlocuteurs ? Ils peuvent devenir plume qui effleure ou pavé qui arrive sur un crâne sans casque !

Si tu sens que tu as besoin de déverser ton sac, fais-le seul devant un miroir. Expulse ce que tu as à dire brutalement puis plus tard, nuance tes propos devant ton interlocuteur. Tu feras vite la différence et cela t'encouragera à te maîtriser.

Tu y gagneras en humanité, en efficacité et en plaisir à échanger !

Qu'est-ce que le tact ?

C'est une façon de donner que l'on juge plus importante que ce que l'on donne. Le langage ayant trop de puissance, il peut salir, blesser, détruire. Le tact est la manière de s'en emparer pour l'utiliser avec mesure, avec délicatesse selon ce que nous percevons dans l'instant.

Il permet de ne pas indisposer autrui et de ne pas briser la relation entre les personnes.

SON MÉCANISME :

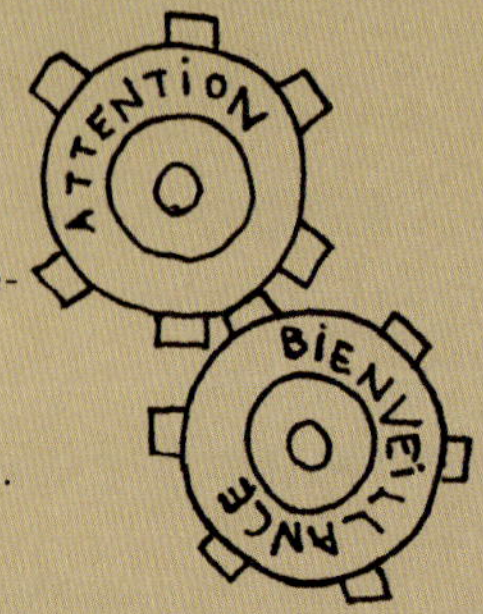

- C'est le résultat combiné de notre attention à ce qui nous entoure et de notre bienveillance.
- Plus nous percevons finement autrui et plus nous saurons le préserver de la brutalité des mots et des gestes.
- Nous reconnaissons l'autre comme différent de nous et le respectons puisque pour chacun nous adaptons notre façon de dire.
- Nous cherchons à préserver le potentiel et la richesse de l'échange.
- Nous avons conscience que la façon de dire influence notre réponse et fait évoluer notre pensée.
- Le tact demande à chacun de «réaliser ses propres dosages et de se montrer responsable de sa façon de s'exprimer» selon Roland Barthes.
- Il nous oblige à prévoir l'effet de la parole sur autrui. Ainsi nous anticipons et affinons notre perception des choses.
- Le tact ne dépend pas de notre savoir : on peut être très cultivé ou poli et n'avoir aucun tact. C'est un sens un peu inné du contact. Nous l'améliorons à force d'erreurs et d'expérience. On n'en a jamais assez. Il permet d'accomplir les choses les plus compliquées de la vie grâce au pouvoir de la délicatesse. Il est le signe des grands.

LA DIPLOMATIE :

Le tact est indispensable dans les situations de tension. Les diplomates s'en sont fait une spécialité. Ils mettent en œuvre la politique étrangère de la nation qu'ils représentent. Leur mission toujours délicate, est de trouver une issue favorable à un désaccord et d'éviter le conflit ouvert.

Avant la renaissance, leur ancêtre le messager assurait seulement la transmission. Le fait de représenter le roi leur a permis d'avoir un rôle de négociateur qui dispose d'une certaine marge de manœuvre pour atteindre un objectif fixé. Ils pouvaient utiliser la menace du conflit armé pour arriver à un accord.

Des diplomates célèbres :

Talleyrand (1754/1838) sous Napoléon 1ier, Richelieu (1585/1642) sous le règne de Louis XIII ou Kissinger (américain né en 1923) qui s'est illustré pendant la guerre froide.

Ne pas avoir de tact amène inévitablement à ne plus être à sa place, à dépasser les limites qui assurent aux autres un espace de liberté et de protection. Cela signifie passer en force sans se soucier des gens ni des situations : une forme de violence faite aux autres.

Origine de l'expression "avoir du tact" :

Parce qu'il était inconvenant de regarder l'heure devant quelqu'un, un horloger, Louis Breguet, inventa à la fin du 18ième siècle une montre qui permettait de lire l'heure au toucher : la montre à tact. Le terme fut repris pour désigner quelqu'un qui a un toucher fin, du doigté : avoir du tact ! De nos jours la montre est surtout utilisée par les mal-voyants.

La richesse du vocabulaire français :
Sa particularité est de disposer de très nombreux mots pour désigner un même objet car chacun apporte une nuance. Avec un tel choix, le tact peut exprimer au mieux sa délicatesse. Par exemple, le mot ''vêtir'' comporte plus de dix possibilités ! Regarde ton dictionnaire des synonymes...

''Le tact ce n'est pas forcément de dire la bonne chose au bon moment, c'est aussi de savoir se taire quand il faut.'' Jdan Noritiov (philosophe russe)
''Le tact se trouve dans l'esprit quelquefois, mais le plus souvent dans le cœur.'' Emmeline Raymond (femme de lettres française 1828-1902)

Comment comprends-tu cette histoire?
Par inadvertance, un monsieur trouble l'intimité d'une femme. Confus, il dit en se détournant :
«Oh, pardon mademoiselle !» Ce monsieur est poli.
Mais s'il dit «Oh, pardon monsieur!» ce monsieur a du tact.

Exprimer avec tact :
Les sentiments et plus particulièrement l'amour doivent être exprimés avec tact et délicatesse. La poésie en est sans doute la plus belle illustration.

Refuser avec tact :
Quand il te semble difficile de dire "non" sans vexer, laisse-toi un temps de réflexion (je réfléchis et te donnerai réponse demain). À tête reposée, tu pourras préparer ton refus avec tact (Je suis désolé/e mais ... ou j'accepterais volontiers si je disposais du temps nécessaire...).

Le tact veut qu'on évite les sujets sensibles et douloureux. Suis le proverbe «On ne parle pas de corde dans la maison d'un pendu.» et sélectionne tes sujets de conversation de manière à ne pas faire inutilement mal à autrui.

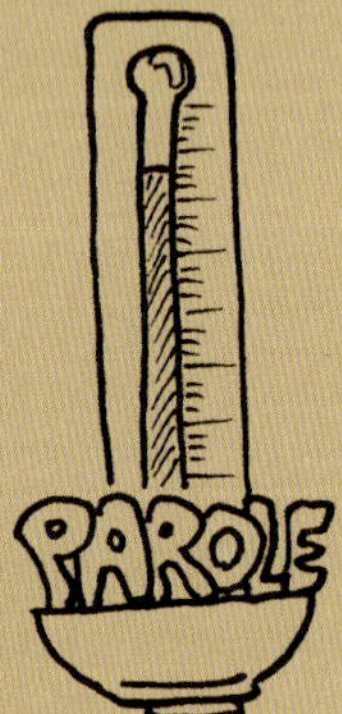

En règle générale, mesure ta parole :
Essaie de te mettre à la place des autres pour imaginer comment tes paroles vont être reçues. Si tu as la moindre hésitation, reformule ta phrase sans renoncer au sens de ce que tu as à dire.

SE PLAINDRE TEMPS PERDU GEINDRE TEMPS FOUTU

Si tu veux saper la bonne humeur et l'entrain de tes amis, rien de mieux que de leur parler dès potron-minet du dernier accident survenu dans ta région, des symptômes d'une maladie incurable, de la mort de ton chat, du bobo qui t'inquiète ou encore de la fin du monde imminente... Ils auront alors le choix entre pleurer avec toi ou aller se pendre !
Par contre, si tu souhaites partager un bon moment avec eux, tu peux aussi les accueillir avec un grand sourire, leur dire le plaisir que tu as à les voir, leur demander des nouvelles, plaisanter et leur montrer le coin de ciel bleu entre les nuages !
Tu as le choix entre les considérer comme un déversoir à angoisses (mais est-ce que cela te soulage seulement ?), ou des îlots de bonheur qui éclairent ta journée et agissent positivement sur ton humeur.
Tu es soit la tache d'encre, soit le papier buvard posé sous l'écriture dansante. À toi de choisir...

Ne saute pas sur l'occasion !
Lorsqu'on te dit «Bonjour, comment ça va ?», il s'agit d'une formule de prise de contact, n'en profite pas pour gémir sur tes malheurs... Un «Très bien, merci. Et toi/vous ?» suffira.

La règle de la réciprocité :

Échanger avec quelqu'un signifie être dans une relation équilibrée, donnant-donnant. Chacun est reconnu par l'autre, se trouve conforté dans sa place sociale. Il repart rassuré et satisfait. Une relation déséquilibrée crée le malaise et engendre la frustration. Celui qui geint sans cesse prend (de l'écoute, de la compassion au début) mais ne donne rien (ou du négatif). Il finit vite par lasser. En se centrant sur lui-même, il restreint les sujets de communication et s'enferme.

De plus, son humeur est contagieuse et destructrice alors qu'un échange doit rester constructif et motiver pour avancer. Le rencontrer peut devenir une épreuve tant il plombe l'ambiance ou mine le moral.

Il vaut mieux garder pour soi ses petits malheurs et offrir le meilleur.

À quoi sert-il de se plaindre ?

Nous devenons de plus en plus exigeants et nos attentes déçues plus nombreuses créent des frustrations.

Se plaindre nous permet d'évacuer notre colère et d'obtenir l'accord des autres pour valider notre réaction. Se plaindre crée également du lien social : en râlant sur le mauvais temps par exemple, on est sur de trouver un terrain d'entente pour discuter.

Mais quand elle est chronique, la plainte devient improductive car ruminer ses problèmes enferme et en accusant les autres de ce qui ne nous convient pas, nous oublions que nous avons été acteurs de ce qui nous arrive.

Nous avons donc à nous remettre en cause (=gérer). Se plaindre revient à une façon de refuser d'intervenir (=fuite) et de grandir.

Une plainte efficace s'adresse de façon concise, à la bonne personne, et sur un ton aimable ! Et quand nous n'avons pas le pouvoir de changer les choses, nous adapter reste la meilleure solution...

D'autres causes :
Le moral en berne aujourd'hui ?
Les causes les plus fréquentes en sont :

- la déshydratation qui réduit de 40% notre énergie habituelle.

- la fatigue avec laquelle le simple fait de se lever d'une chaise nécessite un gros effort. Elle amenuise notre enthousiasme à entreprendre.

- ou le manque de sommeil qui place un filtre entre notre ressenti et la réalité et fait de nous des zombies.

Alors, si tu n'as pas le moral, commence d'abord par t'assurer une bonne nuit et t'hydrater. Depuis demain, tu verras sans doute les choses sous un autre angle : le verre à moitié plein plutôt qu'à moitié vide.

Une expression d'anxiété ?

L'anxiété d'une personne peut se formuler par des plaintes concernant sa santé, ses craintes, ses insomnies, des douleurs...Un enfant anxieux à l'idée de la séparation, un élève avant ses examens, le trac devant les autres, une maladie grave à gérer, la prise de conscience que la mort fait partie de la vie, nous sommes tous un moment donné concernés par l'anxiété.
30% des américains souffriraient de troubles anxieux très fréquents. Le traitement, long mais efficace, passe par la relaxation, l'hygiène alimentaire, l'activité physique et la prise de conscience de la cause qui au début des symptômes n'est pas facile à discerner. L'anxiété se cristallise parfois sur des points particuliers comme les phobies (timidité, claustrophobie...), les obsessions, les crises de panique, le stress post-traumatique qui concerne, entre autres, les militaires au retour de combats (cauchemars...).
L'anxiété incontrôlée et excessive peut ronger la vie si on n'intervient pas. Elle favorise les addictions en donnant l'impression de se calmer après l'absorption d'alcool, tabac ou drogues mais en fait c'est le contraire qui se produit rapidement, elle augmente avec le manque !

L'hypocondriaque :
Molière en a écrit une pièce "le malade imaginaire". Mais son angoisse est bien réelle. Il vit dans la peur : un mal de tête et si c'était un anévrisme ?, une toux et si c'était la tuberculose ou un cancer ? Il épuise son entourage et son médecin. Il déporte son anxiété qu'il ne peut admettre sur son corps. La moquerie ne sert à rien. On ne peut que le rassurer et l'inviter à parler de ses émotions plutôt que de ses symptômes. Inutile de discuter avec lui, mais lui proposer la pratique d'un sport pour passer à des émotions positives. En fait, l'angoisse de la mort l'obsède... et lui gâche la vie!

Selon une enquête TNS de 2012 auprès de 803 médecins, entre 85 et 93% des actes injustifiés seraient demandés par des patients hypocondriaques à leur médecin.

La résilience :
C'est la capacité à se reconstruire après un événement traumatique dont l'esprit prend acte, puis en accepte la souffrance. Pour des expériences similaires vécues, certains sont détruits, d'autres transforment leur malheur en occasion de grandir. Par exemple, après sa sortie des camps de concentration, Primo Levi s'est appuyé sur l'écriture pour se reconstruire. Il ressentait l'urgence de raconter et de témoigner.

Le suicide :
L'adolescence est un passage entre deux états, celui de l'enfance, a priori protégé, et celui de l'adulte sans savoir encore qui il est, ni ce qu'il veut devenir. Cela crée un bouleversement intérieur avec un sentiment d'angoisse et la sensation de vide. En écho se pose la question du sens de la vie et de la mort inéluctable. C'est normal. Pas pour mourir mais pour arrêter la souffrance liée à ce passage "entre-deux", l'ado peut voir une issue dans la mort. Cette idée peut l'apaiser. Il faut qu'un proche l'aide à comprendre que cet état inconfortable ne dure pas ! La vie s'ouvre devant lui comme l'oisillon qui casse sa coquille. Si tu reçois les confidences d'un ami dans cette souffrance, prends sa plainte au sérieux et parle-en à un adulte de confiance. Si tu es toi-même concerné, fais-toi aussi aider dans ce passage délicat.

Fepalcon :
Lancé par une association humanitaire suisse, qui a misé sur l'humour, cet antistress se présente comme un emballage de médicament contenant des barres de chocolat à la place de cachets. Il donne l'occasion d'amorcer une discussion avec un ado. Cette communication originale sert à sensibiliser les ados et leur entourage, enseignants, pédiatres, au problème du suicide juvénile, première cause de mortalité des jeunes suisses entre 15 et 24 ans.

Fais-tu la différence ?
- La peur est une émotion forte face à une menace perçue au présent. Elle engendre la fuite ou l'évitement (face à un incendie par exemple). Son intensité varie selon les personnes. Elle nous est indispensable pour assurer notre sécurité.
- L'anxiété est une émotion chronique et plus diffuse face à un danger perçu comme incontrôlable et inévitable dans le futur. On anticipe du négatif. C'est une réaction normale en situation stressante.
- L'angoisse est une émotion ponctuelle qui prend la forme de crise d'anxiété exacerbée.

Citations

- "Je puis me plaindre que les buissons de rose aient des épines ou me réjouir que les buissons d'épine portent des roses. Cela dépend comment vous regardez". Kenfield Morlay (écrivain américain 1890-1957)
- "Il est plus intelligent d'allumer une toute petite lampe que de se plaindre de l'obscurité". Lao Tseu (sage chinois 5ième siècle av. J.C.)
- "Il y a des gens si ennuyeux qu'ils vous font perdre une journée en 5 minutes". Philippe Geluck (auteur de B.D. belge né en 1954)

Connais-tu l'éreutophobie ?
C'est une forme d'anxiété sociale qu'on a tous vécue : la peur obsédante de rougir en public. Elle touche 10% de la population. Moins on tolère le rougissement et plus il devient fréquent, incontrôlable et imprévisible mais si on l'oublie, il disparaît presque !

Devise royale :
La reine d'Angleterre, Elizabeth II a repris la règle de conduite de son modèle, l'impératrice Victoria pour en faire sa devise : "Never complain, never explain." ou "Ne te plains pas, ne te justifie pas davantage." Depuis plus de 60 ans de règne, elle tient admirablement son rôle, et impressionne ses sujets qui lui vouent un profond respect.

S'INTERDIRE LES A PRIORI

T'est-il arrivé de participer à contre-coeur à une sortie, convaincu(e) que ce serait nul et avoir la surprise de passer un agréable moment ? Les arguments que tu avais donnés aux autres pour te dérober t'avaient peut-être été dictés :
- par la fatigue car cette sortie te demandait de l'énergie, (c'est trop loin)
- par tes habitudes qui allaient être bousculées, (c'est trop tôt)
- par ta crainte de la nouveauté qui te pousse au repli, (ça ne m'intéresse pas)
- par des images négatives que tu associais au but de la sortie, (Il paraît qu'il n'y a rien à voir)... enfin par tout, exceptée ta réelle expérience car tu découvrais quelque chose de nouveau.

Ton jugement était négatif dès le départ. Tu grognais intérieurement, prêt à la critique. Heureusement que tu t'es un peu détendu(e) sinon tes préjugés auraient pu te gâcher la sortie complète... et t'empêcher d'apprécier la réalité.

T'es-tu déjà demandé pourquoi, devant le même événement, les uns étaient tout sourire, le regard vif et la parole facile et d'autre plus distants, l'air morose et le regard ailleurs ? Le plaisir ou la crainte de l'inconnu, l'ouverture ou la fermeture d'esprit...

La seule mission des préjugés est de te fournir de faux arguments pour cacher tes peurs. Ils t'empêchent de juger par toi-même. Ils mettent à ta disposition un ensemble de prêt-à-penser et court-circuitent ton intelligence. Résiste-leur !

Les différences culturelles :

Le même geste, le même comportement peuvent avoir des sens différents selon le continent ou le pays. Par exemple :

- Le pouce levé signifie "Tout va bien" en Amérique du sud, il indique en plus la quantité 1 en Europe tandis qu'il correspond au doigt d'honneur en Iran !

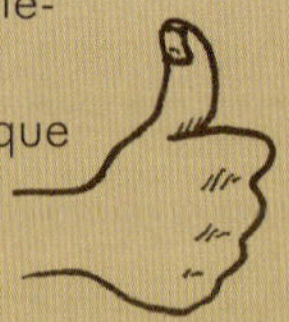

- Au Japon le sourire et le rire servent aussi à exprimer la confusion et l'embarras. Les silences de plusieurs minutes sont appréciés lors des réunions... en Europe, ils créent la gêne.
- En Angleterre, le compromis est positif : il rapproche les points de vue. Aux USA, il est perçu négativement car chacun y perd ! Découvrir, comprendre, gérer les différences demande un effort et peut déstabiliser les plus craintifs. Il leur est alors facile de se replier sur eux-mêmes et moins dérangeant de trouver les autres nuls...

Le préjugé :
C'est une croyance, une idée admise sans démonstration. On la considère comme une vérité sans l'avoir expérimentée. Ainsi, nos jugements sont faits à l'avance, définitifs. Ce sont des raccourcis pour comprendre le monde mais dangereux car ils se substituent à nos émotions et à nos sentiments et déforment la réalité.
Tout le monde en a. Ils nous sont inculqués par notre environnement. Ils s'inscrivent à notre insu en nous avec une telle puissance qu'il faut une prise de conscience et une réflexion critique pour s'en défaire. Ils parviennent même à traverser les époques sans grande modification.

Les stéréotypes :
Il s'agit d'images ou de clichés qui servent de base aux préjugés. Ils procèdent par généralisation exagérée, pensées réductrices et modifient notre perception du réel. Par exemple, ''les femmes sont bavardes'', ''les italiens sont gais'', ''les noirs, les fonctionnaires, les chômeurs, les juifs, les homosexuels, les handicapés, les jeunes sont ... ''. Ils définissent souvent un groupe supérieur à un autre. Ils nous situent du bon côté et justifient notre rejet de la différence et nos peurs.

La discrimination :
Cela correspond à l'entrée en action du préjugé : c'est le comportement qui nie l'égalité entre les gens. Ainsi, quelqu'un qui a l'air riche servi avant une autre personne à l'aspect plus pauvre, ou une promotion accordée de préférence à un homme plutôt qu'à une femme...

La discrimination isole et rejette une personne ou un groupe. Elle mène à tous les abus, aux exactions, au racisme, à la xénophobie... et pourtant, il n'y a qu'une seule race sur terre : la race humaine.
Ce que l'on appelle la discrimination positive est la façon de compenser l'inégalité de traitement en établissant des priorités. Par exemple, on crée une bourse pour susciter une participation accrue des femmes dans des activités scientifiques, on réserve des emplois à des handicapés, etc.

Connais-tu ces opposés ?
La xénophobie vient du grec "peur des étrangers" tandis que l'amour des étrangers s'appelle la xénophilie.

L'ethnocentrisme :
Nous avons tendance à tout ramener à nous, à croire que notre façon de faire et notre mode de vie sont les meilleurs. Nous jugeons alors ceux qui ne s'y conforment pas, "trop bêtes pour comprendre" cette évidence. Historiquement, ce concept de supériorité a justifié les invasions pour imposer aux autres notre culture et notre religion et anéantir celles existantes (les croisades par exemple et la colonisation).

L'échelle d'Allport :
Elle mesure la manifestation du préjugé dans une société. Elle est graduée de 1 à 5.
1- l'antilocution : lorsque le groupe majoritaire transmet une image négative des minoritaires par des blagues.
2- l'évitement ou l'exclusion sociale du groupe minoritaire (mariages, commerce, lieux séparés).
3- la discrimination, lorsque la loi met officiellement en place l'exclusion.
4- l'attaque physique (violence, vandalisme, pillage, incendie des biens des minoritaires).
5- l'extermination physique des minoritaires (les amérindiens par exemple).

L'échelle de Ross :
Cette échelle mesure, quant à elle, le degré de maturité religieuse. Elle part du plus mature, conscient que la conviction religieuse est une croyance et non pas une certitude, au moins mature persuadé de détenir la vérité et fermé à toute discussion.

Tester en ligne ses préjugés :
Un jeu qui nous permet de comprendre d'où vient l'expression "les préjugés ont la vie dure" et de réagir !

Citations

- "La raison, le jugement viennent lentement, les préjugés accourent en foule". Jean-Jacques Rousseau (philosophe écrivain genevois 1712-1778)
- "Il nous faut apprendre à vivre ensemble comme des frères sinon nous allons mourir ensemble comme des idiots". Martin Luther King (pasteur américain 1929-1968)
- "Les préjugés occupent une partie de l'esprit et en infectent tout le reste." Nicolas de Malebranche (philosophe français 1638-1715)

Éloge de l'ouverture d'esprit :

Les habitudes, les rituels que nous créons nous rassurent. Ils représentent notre coquille tandis que l'inconnu nous bouscule et semble un danger pour nous. C'est en surmontant cette peur de la nouveauté que nous ouvrons notre esprit et créons de la confiance. Cela nous permet de découvrir et d'apprécier d'autres modes de vie ou de pensée, d'apprendre continuellement, de garder l'esprit vif, d'être tolérant et sociable.

Pour t'y aider :

- Tente des activités que tu ne connais pas ne critique pas avant d'essayer.
- Apprends à voir les choses sous des angles différents, dans tes jugements, compense les points négatifs par d'autres positifs.
- Modifie tes habitudes, change souvent de radio, de musique.
- Découvre des lieux différents, voyage si tu en as l'occasion.
- N'hésite pas à discuter avec ceux qui sont différents de toi, pose des questions lorsque tu échanges, tu les comprendras mieux.
- Quand tu vas dire non, réfléchis à quoi t'engage le oui.

Tu te donnes ainsi des chances d'apprécier l'inconnu.

Et si on acceptait la richesse du hasard ?

En étant détendu(e) devant l'inconnu, nous gardons toute notre capacité d'écoute et analysons bien les situations. Nous sentons instinctivement l'endroit et le moment favorables, les personnes en correspondance d'esprit. Nous pouvons donc mieux saisir les opportunités. "Les hasards de notre vie nous ressemblent".(Elsa Triolet).

Découvertes fortuites ou sérendipité :

Dans le domaine scientifique ou technique, des découvertes ont été faites accidentellement (par hasard ?). L'art de trouver autre chose que ce que l'on cherchait s'appelle la sérendipité. Ainsi, le viagra, la pénicilline, le coca-cola, le four à micro-ondes ou encore le post-it sont des découvertes imprévues, tout comme l'Amérique par Christophe Colomb !

EURÊKA

HUMILIER DÉGRADE DOUBLEMENT

"On peut tuer avec des mots." selon J. Lecomte.
Lorsque qu'on humilie quelqu'un, soit on est le roi de la gaffe en ignorant les autres, soit on satisfait dans l'instant un petit plaisir personnel mais de toute façon on cède à la facilité.
Clouer de honte quelqu'un devant les autres expose surtout notre pouvoir de destruction et notre malveillance : on perd notre dignité. Notre incapacité à être généreux ne nous grandit pas dans l'opinion des autres, et ceci de façon durable.
Bref, humilier ne sert à rien qu'à se déprécier soi-même et en plus cela fait inutilement mal aux autres. Interdis-toi ce comportement. et préfère-lui la bienveillance, cela sera positif pour tout le monde et te grandira.

LE MÉCANISME DE L'HUMILIATION :

Humilier quelqu'un, c'est le rabaisser, le déshonorer, le déconsidérer publiquement. Il est réduit à l'impuissance ou soumis. On l'obtient par la raillerie, l'intimidation mais aussi par la maltraitance mentale ou physique, l'agression.
L'humiliation peut être le fait d'un individu qui veut affirmer un pouvoir ou nuire à quelqu'un, d'un groupe ou d'un état totalitaire.
Elle a souvent un impact inverse car elle provoque des réactions émotives, suscite chez l'humilié un désir de vengeance et attise donc son orgueil.
L'humiliation fréquente entraîne une perte d'estime de soi, une attitude craintive, une forte anxiété qui nuit au développement. Elle modifie la vie sociale. Un humilié peut aussi rire de lui, se ridiculiser avant que les autres ne le fassent.

Comment sortir de l'humiliation volontaire :
Pour guérir, l'humilié doit déjà renoncer à son désir de vengeance qui ravive sans cesse la blessure. Il évite aussi de reproduire car contaminé par le venin de l'agression, il se sentirait coupable par la suite. Par contre en parler à une personne de confiance lui permet de prendre de la distance avec l'événement et de mieux le gérer c'est à dire : apaiser les émotions, cerner les points douloureux, accepter ses fragilités et retrouver l'estime de soi.
Il ne s'agit pas d'oublier ou de minimiser les choses. L'humilié va donc refuser que la situation ne se reproduise, en prévenant l'agresseur, en utilisant ses droits si nécessaire : la plainte. L'estime de soi aide à voir "l'humilieur" qui se déprécie sans se sentir soi-même humilié, ce qui fait écrire à M-France Hirigoyen: "Personne ne peut vous humilier sans votre permission".

Celui qui utilise l'humiliation comme arme doit chercher à en comprendre les raisons, ce qu'il ressent. Est-ce qu'il reproduit bêtement ? En tire-t-il satisfaction ? En parler lui permettra de se remettre en question et de changer.

La violence psychologique :
On peut la définir comme une cruauté mentale infligée à autrui. C'est la forme de mauvais traitement la plus répandue. En voici les comportements typiques :
rejeter la personne, la dégrader, la terroriser, la corrompre ou l'isoler, ou encore la priver de chaleur humaine.
(Se reporter à la page 142 "La loi").

LES BASTIONS DE L'HUMILIATION :
• Partout dans le monde, l'armée utilise ce moyen pour obtenir la soumission et le devoir d'obéissance totale de ses membres.
L'individu est un élément du groupe, l'oubli de soi : un impératif.
• Le bizutage était réservé aux nouveaux qui intégraient un groupe. Il était organisé par les plus anciens comme un test d'entrée. Il aurait pu rester dans des limites acceptables et donner le sentiment d'être soudé au groupe mais en fait, il déchainait de graves violences avec le plaisir de les faire. C'était l'occasion pour les plus pervers de devenir leaders et d'entraîner des abus de droit. Il a perduré longtemps grâce à la complaisance des adultes qui eux-mêmes avaient subi le bizutage. Il a été interdit en 1998 en France. Pourtant, il tarde à disparaître. Il est important de ne pas accepter ses abus et d'en référer aussitôt aux responsables de l'établissement.

L'humiliation sur la toile ou dans les médias : celle qui tétanise parce qu'elle a un public vaste et inconnu. Des émissions qui cherchent à faire de l'audimat, utilisent parfois des moyens peu respectables. Par exemple, certaines proposent à leurs auditeurs de les venger par un coup de fil public. Tous contre un, voilà la facilité. Sous couvert du rire, elles font appel à ce qu'il y a de plus animal en nous et nous laissent ensuite seuls, avec un certain malaise qui se transformera plus tard en regrets...

L'humiliation scolaire : le bonnet d'âne dont on affublait les cancres a humilié des générations d'enfants. Leur seule possibilité pour sauver la face était sans doute de transformer leurs incapacités en prestige vis-à-vis des autres et retrouver ainsi un peu d'estime de soi. On sait maintenant que l'humiliation est contre-productive car on a besoin de confiance en soi pour réussir. De plus, le "théorème de Thomas" indique que l'enfant a tendance à répondre au jugement positif ou négatif des autres, surtout de ses professeurs.

Les études de Pierre Merle montrent que l'enseignement actuel garde encore des traces de l'histoire : l'humiliation scolaire ressentie correspond rarement à une intention humiliante du professeur mais à la pratique de méthodes habituelles non remises en question comme la lecture à voix haute d'extraits nuls de copie, la distribution des copies dans un ordre croissant ou décroissant, ou le passable au tableau vécu comme une mort symbolique.

Une prise de conscience de ce phénomène massif apportera des alternatives pédagogiques.

L'humiliation au quotidien est composée de petites choses , en apparence anodines mais qui déprécient les autres comme :

- ignorer quelqu'un qui nous adresse la parole,
- des reproches faits devant des tierces personnes, aux enfants par exemple,
- le démenti brutal de quelqu'un devant témoins, dans un couple devant des amis par exemple,
- la moquerie,
- les apartés,
- les allusions avec regard entendu,
- parler de quelqu'un en disant "il" alors qu'il est présent,
- la parodie, on dit "singer quelqu'un",
- l'infantilisation,
- les injures, une pratique condamnable.

Concerné(e), il est tout a fait légitime de ne pas apprécier... et de le dire pour faire cesser l'indélicatesse !

Fais-tu la nuance ?
Les propos **drôles** provoquent le rire.
Sarcastiques, ils deviennent acerbes, mordants, ironiques et tournent souvent une personne ou une situation en dérision.
Agressifs, ils sont destinés à provoquer et à attaquer.
Questionne-toi sur ton sens de l'humour.
Avec la parole, il est très facile de ''déraper'' si on ne se fixe pas des interdits par exemple avec de mauvaises blagues qui n'amusent que soi ou en accusant sans preuve.
Un bon exercice est de savoir se moquer aussi de soi-même (mais ''pas que'', sans excès donc). Ainsi, on se place à distance de soi, d'égal à égal avec autrui.

La délicatesse et la bienveillance combinées ensemble font qu'on ne relève jamais une gaffe pour ne pas ridiculiser son auteur. On ''glisse'' à autre chose. Si l'auteur s'en est rendu compte, il vous en remerciera intérieurement.
Il faut savoir aussi que l'humiliation peut être ressentie de façon décuplée à l'âge de l'adolescence. La susceptibilité est alors exacerbée, on se vexe à la moindre maladresse bien involontaire d'autrui. Il s'agit donc de replacer l'événement à sa juste valeur et dans son contexte...

Histoire :
L'humiliation comme punition : au moyen-âge, un poteau ou une colonne appelé pilori servait à exposer quelqu'un au regard public. C'est seulement en 1832 que ce supplice est définitivement aboli en France.
Le carcan avait la même fonction mais il était muni de trois trous pour la tête et les mains.
L'humiliation pour soumettre dans un régime totalitaire : En Allemagne, dès 1933, les nazis ont utilisé l'humiliation collective envers les juifs. Ils les promenaient dans les rues avec des pancartes infamantes autour du cou. Ils avaient programmé leur éradication.

Connais-tu ?
L'effet Pygmalion montre que lorsqu'on s'attend à de bons résultats d'un groupe d'élèves, l'adulte a involontairement une attitude plus positive qui améliore les résultats en question.
C'est pourquoi, nombre d'enseignants ne lisent pas les dossiers des élèves avant de se faire leur propre opinion.

Expression :
«Aller à Canossa» signifie s'humilier, céder devant quelqu'un. C'est au château de Canossa que l'empereur Henri IV d'Allemagne dut en 1077, demander pardon au pape Grégoire VII, pour avoir annoncé la déchéance de ce dernier. Pieds nus, revêtu d'un costume de pénitent, il avait du attendre longuement au froid de janvier. Le pardon papal n'arriva que trois jours plus tard.

Citation et proverbe
de Mme De Remusat, (femme de lettres française 1780-1821) :
''Les allusions sont les lettres anonymes de la conversation.'' La trouves-tu exacte ?
Proverbe Sioux Lakota : ''Quand tu désignes un homme du doigt, tu pointes un doigt vers lui et trois contre toi.''

COMMUNIQUER

RÉSISTER À LA CURIOSITÉ, J'AI TOUT À GAGNER

Lorsque tu es en public, inévitablement, tu entends des bribes de conversations et la plupart du temps, tu ne t'en soucies pas. Parfois, dans les transports en commun ou en salle d'attente, certaines voix portent, tu suis sans rien dire la conversation de tes voisins. Tu es un peu comme devant un spectacle où chaque acteur joue son propre rôle et dévoile ses petitesses et ses grandeurs. Amusant...
Il arrive aussi que notre curiosité soit vraiment piquée par des situations ou des personnages surprenants et que nous ne soyons plus qu'oreilles et yeux pour n'en pas perdre une miette... Il est vraiment difficile de résister et de s'obliger à détourner l'attention.
Nous avons tous une curiosité naturelle qui éveillent en nous le désir d'évoluer et d'apprendre.

La difficulté commence lorsque la curiosité prend le pouvoir et dirige notre vie. Elle nous pousse à nous mêler de ce qui ne nous regarde pas, à vouloir tout savoir, même et surtout l'intime d'autrui, à chercher dans leurs affaires et à les épier. Le plaisir ressenti alors peut-être qualifié de malsain. Notre curiosité devient compulsive et incontrôlée. Elle fait fuir nos amis, donne une image négative de nous. Quel gâchis !

Comment reprendre les rennes :

- Tout d'abord, essaie d'identifier le plaisir que te procure une curiosité sans limites.
- Chaque fois que tu le ressentiras, formule «C'est moi qui décide.» et fais autre chose.
- En n'intervenant jamais dans la conversation des autres sans y avoir été invité. Même si tu l'entends, force-toi à ne pas t'y intéresser : change de place, pose ton regard ailleurs, pense à autre chose... Marque de la discrétion.
- Chaque fois que tu poses une question, demande-toi auparavant si tu es concerné ou s'il s'agit de pure curiosité de ta part. Dans ce dernier cas, abstiens-toi !
- Interdit-toi de fouiller ce qui ne t'appartient pas : sac à main, téléphone, ordinateur, clef usb, courrier, journal intime, agenda, poches, porte-feuille... Leur propriétaire ressentira cet acte comme un viol. Tu ne peux disposer que de toi, tes biens, ton territoire.
- Évite de lire par dessus l'épaule de quelqu'un sans son accord.
- Et bien sur, prends plutôt un livre au lieu d'observer quelqu'un à son insu, ou salue-le et engage un vrai échange verbal. Tu en tireras une plus grande satisfaction. Peut-être deviendrez-vous amis ?

La curiosité étatique :
De 1950 à 1989, sous le régime communiste de RDA (ou Allemagne de l'est avant la chute du mur de Berlin), la police politique appelée STASI a épié dans les moindres détails la vie de millions de personnes. Elle posait des micros à leur domicile, surveillait leur courrier, leurs conversations téléphoniques, prenait des échantillons de leur écriture, allait jusqu'à conserver les odeurs corporelles avec des morceaux de tissus dans des bocaux ! La population était sous surveillance.

Les contes essaient de nous apprendre la vie. Connais-tu celui qui nous parle de la curiosité irrésistible qui a failli coûter la vie à une jeune fille ?

(Barbe Bleue)

Proverbes :
''Rien n'est plus dangereux qu'un indiscret ami, mieux vaudrait un sage ennemi''.
''Qui écoute aux portes, entendra mal parler sur son compte''.

Insatiable curiosité :
Dans la mythologie grecque, pour punir les hommes, Zeus envoya Pandore sur terre comme femme de Épiméthée dont le frère Prométhée avait volé le feu. Il lui confia auparavant une boite avec interdiction de l'ouvrir.
Mais elle céda à la curiosité. En l'ouvrant, elle libéra tous les fléaux qui depuis s'abattent sur les hommes. Seule l'espérance qui compensait les fléaux et qui était plus lente n'eut pas le temps de sortir avant que Pandore, effrayée, ne refermat la boite.

L'INTIMITÉ C'EST TOP SECRET

Toi et tes amis, vous avez tous votre jardin secret et votre espace intime que vous protégez jalousement comme un trésor. C'est le lieu où vous êtes avec vous-mêmes, avec vos pensées, vos goûts, vos projets, c'est aussi votre espace avec vos proches. Vous en avez besoin et c'est un droit. Sans lui vous vous sentiriez comme amputés d'une partie de vous-mêmes et vous en souffririez.

Chacun détermine lui-même son espace intime inviolable qui varie d'une personne à l'autre. Il choisit ce qu'il accepte d'en partager.

Même avec ton meilleur ami, tu n'es pas autorisé de droit à rentrer dans son espace d'intimité. Reste très vigilant sur ton attitude et tu sauras reconnaitre les zones délicates, les points sensibles à éviter. Et chaque fois que ton ami accepte de partager de son espace intime avec toi, prends-le comme un cadeau et remercie-le de cette confiance témoignée.

Respecter l'intimité d'une famille :

Une porte, même ouverte ne se franchit qu'avec la permission des maitres du lieu. Elle délimite une zone d'intimité. Le minimum est de frapper et de s'annoncer. Sans réponse, on peut insister une seconde fois pour le cas où nous n'aurions pas été entendus mais pas davantage. On n'abaisse pas la poignée ''pour voir s'il y a quelqu'un''. Les habitants ne sont pas disponibles, il fallait prévenir...

BULLE FAMILIALE

Respecter l'intimité d'une personne :
Frapper pour demander la permission d'entrer est une règle valable aussi pour une chambre, y compris celle des petits frères ou sœurs. En contrepartie, tu as le droit au même respect de ton espace personnel. (Se reporter à la page 178 "Un besoin vital")
La salle de bain est le plus haut lieu d'intimité. Le fait de vivre sous le même toit n'autorise pas pour autant à rentrer de droit ! Si un proche n'a pas l'intelligence de le comprendre, il faut le lui rappeler et exiger ce respect.
Notre première intimité est celle de notre propre corps. Il nous appartient et personne ne peut s'y opposer. C'est pourquoi les regards appuyés mettent mal à l'aise : ils sont impudiques et agissent comme s'ils captaient notre image sans notre accord. Manifester notre réprobation est tout à fait justifié et permet de poser des limites.
On a tous des objets que nous intégrons dans notre intimité: cahier-journal, agenda, cartable, ordinateur, mobile, sac à main... As-tu défini les tiens ?

La promiscuité :
Dans un espace restreint, la cohabitation avec d'autres personnes devient vite pénible. Ce voisinage, la promiscuité, empêche l'intimité. Chacun perd de sa liberté de mouvement, de parole, d'expression de sa sexualité. Elle est fréquente dans les bidonvilles, en prison. Elle provoque stress et agressivité en guise de moyen de défense.

Les maisons d'autrefois :
Au moyen-âge, seule l'aristocratie disposait de chambres. Dans les châteaux, elles correspondaient plus à un lieu de sécurité qu'un lieu d'intimité. On y accédait difficilement par des couloirs, échelles, ponts volants enlevés pour la nuit.
Les pauvres dormaient soit avec le bétail, à la chaleur animale, soit dans les greniers qui contenaient souvent plus de 4 lits. Le besoin d'intimité fit évoluer lentement l'architecture. En France, les chambres apparaissent vers le XVI ième siècle comme espace préservé du reste de l'habitat, la chambre des parents vers les années 1800, et celle des enfants regroupés vers les années 1900. Les enfants dormaient couramment à plusieurs placés tête-bêche dans un lit (comme les sardines).

Origine du mot "intimité" :
Il nous vient du latin "intimus" qui signifie "le plus intérieur". Voilà qui a le mérite de la clarté !

La ruelle de lit :
Quand on dormait plusieurs par chambre, on rivalisait d'ingéniosité pour créer de l'intimité : le lit-clos, le lit à baldaquin, l'alcôve. L'espace entre le mur et le lit s'appelait la ruelle, il était réputé intime. Celui qui dormait de son côté y disposait ses objets personnels, courrier, bijoux...

Le voyeurisme en Corée du Sud :
C'est le plaisir d'observer les autres à leur insu et dans des situations intimes. Cette manie reste condamnable par la loi. En Corée du sud, des hommes rivalisent de ruses pour filmer les décolletés et le dessous des jupes des femmes dans la rue puis ils publient les clichés sur des sites salaces. Ce phénomène qui prend de l'ampleur malgré les lourdes sanctions a nécessité un renforcement des effectifs. policiers. (Le point 22/10/13)

As-tu entendu parler du voyeurisme gastronomique ?
Toujours en Corée du Sud, une femme s'est filmée durant 3 h par jour en train de manger et des milliers de personnes ont eu plaisir à la regarder en ligne.

LA DIFFÉRENCE ENTRE PUDEUR ET HONTE :
La pudeur protège ton corps et tes sentiments que tu ne choisis de dévoiler qu'à ceux que tu aimes. Elle te permet de te respecter toi-même et de respecter l'intimité de l'autre. Elle est naturelle et bénéfique pour tous. Elle se traduit par les yeux baissés, le silence, le rougissement. Elle apparaît chez l'enfant entre 3 et 5 ans et prend tout son sens à l'adolescence. Elle évolue avec les époques et la culture. Au moyen-âge, on se baignait nu et sans complexe dans les rivières et début 1900, une femme qui montrait ses chevilles était considérée impudique ! Elle s'adapte aussi aux lieux : une tenue de plage sera impudique dans un lieu de soin par exemple.
Chacun a droit au respect de sa pudeur, y compris dans sa famille quand on ressent de la gène.
La honte est liée à une mauvaise image de soi (complexe) et fait souffrir par rapport aux autres.
Que penses-tu de la télé-réalité qui expose l'intimité des joueurs et excite le voyeurisme du téléspectateur ? Elle doit son succès à la transgression qu'elle met en scène mais est-elle saine ?

Citations

"L'enfer, c'est les autres." Alain, (philosophe français 1868-1951)
"Découvrir l'intimité d'une personne, c'est un peu connaître son âme. En ouvrant les portes d'une chambre, d'une alcôve, d'un boudoir, on y entre un peu..." (auteur inconnu)

La pudibonderie ou excès de pudeur :
L'héritier du cardinal De Mazarin (diplomate 1602-1661), le maréchal de la Meillerie fit châtrer les plus belles statues et barbouiller les plus précieux tableaux qui lui avaient été légués.
Qu'en penses-tu?

PRÉSERVER SES PROCHES !

Chacun a sa vie privée, son mode de vie, ses secrets. C'est lui seul qui en dispose. Le fait d'être proche, t'amène à avoir connaissance de cette intimité qui ne t'appartient pas. Tu as donc la responsabilité de la traiter avec sérieux et de ne pas la répandre aux vents. Cela ferait du tort à ton proche, nuirait à votre relation et tu enfreindrais la loi qui reconnaît le droit à la vie privée à chacun.
Tu trouveras toujours des curieux qui essaieront de tout savoir. Ils éprouvent un plaisir malsain à recueillir ce genre d'informations et à les divulguer aussitôt. C'est à toi de les deviner et de rester vigilant. Pour ces personnages, moins tu en diras sur tes proches et mieux ce sera. S'ils insistent, réponds-leur que tu ne veux pas te montrer indiscret vis-à-vis de tes proches ou plus sèchement si nécessaire : «Cela ne vous regarde pas». Il faut leur placer les limites qu'ils ne parviennent pas à se mettre eux-mêmes.
Dans un moment de colère, tu peux aussi avoir la tentation de vouloir justifier ton état aux autres ou chercher inconsciemment à te venger et "balancer" des détails en paroles ou en ligne qui ne concernent que tes proches. Maitrise-toi !
Avant de parler ou de taper sur ton clavier, réfléchis un instant : Est-ce que cela concerne quelqu'un d'autre que moi ? Est-ce privé ?
Vivre en famille, c'est être dans une bulle privée à faire respecter par les autres. Elle protège chacun de ses membres et chacun doit la protéger aussi.

Un besoin vital pour chacun :
Dans notre vie privée, nous disposons d'une tranquillité absolue. C'est notre refuge où nous pensons, rêvons, nous ressourçons. Nous sommes face à nous-mêmes. Tout ce qui nous est intime en fait partie : notre voix, notre image, notre vie sentimentale, nos croyances, nos opinions, notre santé. La vie privée correspond à l'anonymat d'une personne. Elle est seule à la gérer, hors du regard des autres. Notre pudeur naturelle s'applique automatiquement pour préserver ce que nous estimons être notre intimité.

Sphère privée, sphère publique :
Le philosophe grec Aristote (384-382 avant J.C.) faisait déjà la distinction ! Ce sont nos deux espaces contradictoires. Nous avons à la fois besoin de protéger notre intérieur des intrusions et de nous exposer à l'extérieur pour être reconnus et exister. Nous devons chercher notre point d'équilibre entre ces deux opposés.

Le droit protège la vie privée :
L'article 12 de la déclaration universelle des droits de l'homme protège la vie privée au niveau international.
En France par exemple, la justice inclut la correspondance, le fait d'être enceinte et le domicile dans la vie privée. Aux USA, il est interdit de demander son âge à un candidat à l'embauche.
Dès lors qu'un élément privé passe de l'espace privé à l'espace public sans l'accord de la personne concernée, elle peut saisir la loi.
Les médecins sont tenus au secret professionnel. Il leur est interdit de divulguer des informations sur leurs patients.

Les régimes totalitaires privent les individus de leur liberté mais aussi de leur intimité. Cette technique est notamment utilisée pour obtenir des militaires d'une obéissance aveugle et en faire des robots, comme dans le cas des enfants soldats.

La téléréalité met ses candidats en situation d'exposer leur vie privée au regard de tous. C'est un choix personnel : ils acceptent ce sacrifice temporaire en espérant y trouver un gain personnel ultérieur. Penses-tu que ce soit un bon calcul ? Si la loi prévoit ensuite le "droit à l'oubli" sur internet, qu'en est-il dans la réalité ?

Internet, un outil de partage... de tout !

Si internet est un formidable outil de partage dont on ne saurait plus se passer, nous en avons longtemps ignoré sa contrepartie : l'atteinte à la vie privée. Ce point est devenu maintenant un des enjeux majeurs de nos sociétés.

D'une part, dès que nous exposons sur les réseaux sociaux des données personnelles, nous n'en disposons plus et d'autre part, toutes les informations qui découlent de nos achats ou de nos recherches en ligne sont collectées et utilisées à des fins commerciales ou de surveillance.

Les données, mises en ligne ou collectées peuvent être couplées avec des technologies de pointe comme la reconnaissance faciale numérique. Avec la puissance de calcul des ordinateurs, leur utilisation peut amener à des abus selon qui en dispose et mettre en danger des valeurs comme la liberté ou la démocratie.

Les états essaient de contrer ces atteintes à la vie privée sur internet mais leur lenteur humaine les place toujours en décalage par rapport à la vitesse numérique.

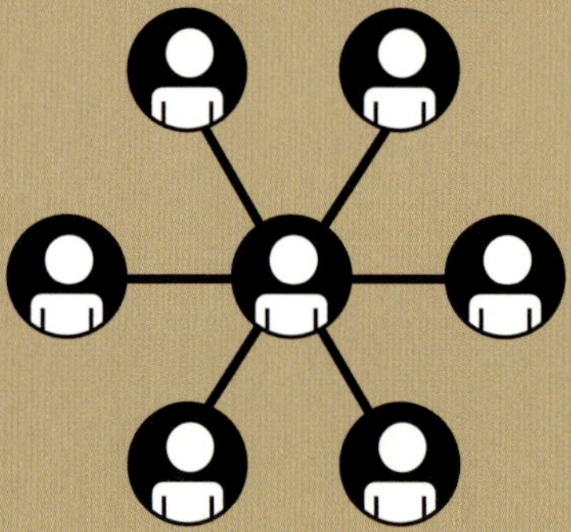

Comment se protéger ?

- Ainsi, le Canada s'est doté d'un commissariat à la protection de la vie privée qui a réclamé en juin 2013, une adaptation des lois et des règles communes entre pays pour protéger ses citoyens. La France a une commission nationale de l'informatique et des libertés (CNIL). Sans doute, au niveau international, arriverons-nous à encadrer ce phénomène par la loi mais quand ?
- Des associations se battent pour dénoncer les abus et alerter l'opinion publique des risques majeurs encourus. Ils prodiguent des conseils aux victimes.
- De simples particuliers ou des journalistes appelés lanceurs d'alerte, par leur métier ont la preuve d'abus notoires d'un état et se font un devoir de les porter à la connaissance du grand public. Ils prennent le risque d'être traduits devant la justice de leur pays et mettent leur vie en danger. Les révélations de Snowden sur les écoutes téléphoniques et la surveillance de nos mails par les services américains ont participé à notre prise de conscience.
- Chacun à son niveau doit se montrer vigilant et respecter les règles de base de l'utilisation d'internet.

Le minimum de la vigilance pour se protéger :

- Prends le temps de configurer tes paramètres de confidentialité sur les réseaux sociaux pour préciser qui tu autorises à avoir accès à tes données.
- Garde le secret de ton mot de passe. Tu éviteras ainsi qu'un(e) ami(e) écarté(e) ne publie à ta place quelques éléments malveillants.
- Sur les sites commerciaux, évite de donner ton adresse mail permanente. Préfère les adresses jetables pour une durée temporaire. Tu seras moins envahi de propositions commerciales.
- Refuse que le site ne cède tes données à des partenaires (case à cocher ou lien).

- Si tu deviens victime, exige le retrait immédiat de l'élément qui te nuit, n'hésite pas à porter plainte et à demander réparation devant la justice. Mais garde bien les preuves...
- Pense que ce que tu rends public ne serait-ce qu'un instant l'est pour toujours ! Réfléchis et anticipe pour ne pas avoir de regrets plus tard.
- Agis sur les réseaux sociaux comme si tu étais dans un café.

Tu n'y dévoiles pas plus d'intimité. Si tu as un doute, sers-toi de cette image pour définir ta limite vie intime/vie privée. Réduit le nombre de personnes qui accède à tes données.

-Réserve tes informations à tes vrais amis, ceux qui n'iront pas copier, déformer ou détourner tes photos et tes propos avant de les rendre publics !

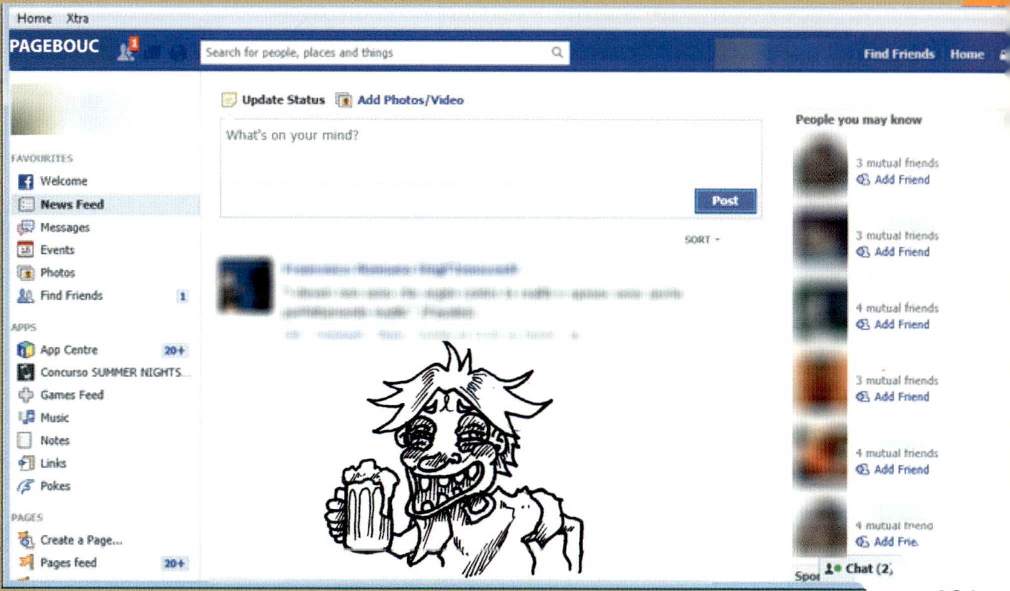

Le minimum de la vigilance pour protéger les autres :

- Tu dois obtenir l'accord de quelqu'un, écrit si possible, avant de carter et publier sa photo. Ne pas le connaître ne peut servir d'excuse. Dans ce cas, floute son visage.
- Tu as la même obligation pour du courrier qui n'est pas le tien, un enregistrement de voix, l'intérieur d'un domicile privé pendant une fête par exemple...
- Bien sûr, tu n'as pas non plus le droit de détourner images ou paroles pour nuire à quelqu'un.
- En règle générale, ne fais pas aux autres ce que tu n'apprécierais pas pour toi-même !

Le piratage informatique :

Il existe sous diverses formes. Celle de l'hameçonnage ou phishing consiste à te soutirer tes informations confidentielles comme les codes bancaires pour usurper ton identité. L'arnaqueur peut faire des achats en ligne à tes frais. Tu auras à te justifier de ta bonne foi auprès de ta banque pour te faire rembourser. Sois prudent, vérifie que tes mails reçus viennent bien d'un site officiel et ne soit pas une imitation piègeuse.

Déclaration explosive :

Un des pères fondateurs d'internet, Vinton Cerf, a déclaré en novembre 2013 à Washington : «La vie privée est peut-être réellement une anomalie». Le tollé qui a suivi fut général...

Citation

"Ce qu'on appelle notre vie privée, c'est ce dont nous avons le droit de priver les autres". Gilles Martin-Chauffier (journaliste écrivain français né en 1954)

Un site très particulier :
Aux États Unis, un site nommé Intelius, propose aux américains de connaître les détails de la vie privée de leurs compatriotes : achats en ligne, factures, abonnements, titres de propriété immobilière, mariage, déménagements, nombre d'enfants, divorces, et même leurs revenus, la surface de leur maison ou leur casier judiciaire ! Selon le degré d'indiscrétion des informations, le curieux doit soit payer un droit d'accès, soit davantage. Ces informations sont prisées par les employeurs lors des embauches.

Les célébrités sont poursuivies jusque dans leur vie privée par les paparazzis qui cherchent le scoop à offrir les premiers à leurs lecteurs. Ils se postent devant le domicile des vedettes et les épient. Ils sont en quelque sorte l'oeil voyeur de la presse people. Les procès pour atteinte à la vie privée sont nombreux.

Notre société commence à valoriser la discrétion, en réponse au besoin de s'exposer sur le web pour être reconnu et avoir le sentiment d'exister : la discrétion tranquille contre l'angoisse qu'engendre le narcissisme. De plus, les besogneux discrets seraient plus efficaces que les fanfarons (Télerama du 22 janvier 2014). Qu'en penses-tu ?

EXCUSES SINCÈRES VALENT MIEUX QUE SE TAIRE

Arriver en retard, commettre une erreur ou une maladresse, gaffer, autant de petits cailloux qui menacent de bloquer le bel engrenage de ta relation à autrui. N'hésite pas alors à les dissoudre avec les petits mots des excuses. C'est simple et très efficace.
Utilise-les chaque fois que ton attitude provoque un préjudice, si petit soit-il, à autrui. Utilise-les également de façon préventive lorsque tu vas gêner ou déranger.
Ta seule obligation : te montrer sincère pour exclure toute arrogance de ta part.
Évite la formule "je m'excuse". Si elle est correcte sur le plan du français au sens de "je présente mes excuses", elle reste très malhabile. En effet, elle donne l'impression que tu te moques de la façon dont autrui la recevra, comme s'il n'avait pas d'autre choix que d'accepter. Or, les excuses nécessitent que si tu te places dans une relation équilibrée avec autrui.

Un signe de maturité :
Même si présenter des excuses est simple, on a parfois une réticence insurmontable à s'y résoudre et à reconnaître ainsi nos torts. L'orgueil, la crainte du ridicule et la bêtise nous amènent à formuler : "je ne m'excuse pas, c'est un signe de faiblesse".
Bien au contraire, s'excuser est la preuve que l'on a dépassé le stade de l'entêtement stérile de l'enfance, qu'on est capable de se remettre en question et d'avouer ses erreurs. On montre ainsi du respect pour son interlocuteur et de l'éducation. Une belle preuve de maturité...

Les formules :

De façon préventive, pour passer ou demander l'attention ''pardon'', ''excusez-moi'' ou ''est-ce que je vous dérange ?'' suffisent. On peut choisir aussi de demander une permission ''puis-je ?''. Une formule de réponse peut être ''Je vous en prie''.
Quand il y a eu faute, mieux vaut : '' je vous présente mes excuses'', je vous prie d'accepter mes excuses'', je vous prie de m'excuser, je suis désolé/e''', ''je vous prie de me pardonner'', ''pardonner ma maladresse'' ou ''pardonnez-moi''.
La formule ''Je m'excuse'' est à bannir car on ne peut s'excuser soi-même.

UNE STRATÉGIE DE RÉPARATION :

Les excuses partent du constat qu'on ne peut pas changer ce qui est passé mais qu'on peut le réparer.
L'offenseur fait ainsi preuve de respect mais surtout d'empathie pour l'offensé. Il comprend la douleur et regrette. Il montre son côté humain, capable d'erreur. Il indique son intention de réparer avec sincérité (sans sincérité, les excuses deviennent vides de sens et non recevables). Il fait preuve de responsabilité. L'offenseur qui a le courage des excuses renforce l'estime de lui.
La réception d'excuses calme et guérit le plan émotionnel. L'offenseur n'est plus pris comme une menace mais on lui reconnaît une faiblesse humaine. L'offensé peut alors comprendre, dépasser sa colère et pardonner. L'offensé fait preuve d'indulgence et montre sa magnanimité. L'acceptation de l'offre signifie acquittement.
Ainsi le but du rituel des excuses qui est de désarmer l'agressivité de l'offensé est atteint.

Préjudice matériel :

Dans ce cas, la règle est de remplacer l'objet par l'identique ou à défaut par celui de gamme supérieure.

Ne pas tout excuser :
Il y a des actes incompréhensibles que l'on ne parvient pas à excuser, encore moins à pardonner. Un sondage montre que si 75% des américains restent favorables à la peine de mort, seuls 45% estiment qu'elle a une valeur dissuasive pour les criminels. C'est à dire que pour 30%, il faut mettre à mort par vengeance !
Qu'en penses-tu ?

Le pardon est une affaire personnelle.
Il va au delà de l'acceptation des excuses. Certains en ont besoin pour se reconstruire, d'autres pas, selon leur expérience et leur vécu.
Il a le pouvoir de libérer de son ressentiment, de ses envies de vengeance et de son statut de victime.
Pardonner, ce n'est pas renoncer à ses droits, ni oublier. Cela permet de ne plus être obnubilé par le passé et d'avancer.
Le pardon passe par :
- L'expression de sa souffrance, l'identification et l'analyse des émotions qui remontent.
- L'acceptation de la violence subie pour la soigner à son avantage.
- La compréhension des raisons de l'auteur du geste ou de l'acte douloureux, non pas pour lui trouver des excuses mais pour considérer l'évènement de façon plus réaliste, plus objective.
- Le questionnement "Quelle expérience est-ce-que je retire de cette douleur ?"
- Le choix libre de décider de pardonner sans se faire violence.

Le pardon ne peut arriver qu'après ces étapes obligées. Il est long, très long comme une cicatrisation de plaie.

Expérience clinique de 30 ans :
Par ses études, le professeur de psychologie américain Robert Enright a validé le pardon comme un instrument de travail capable de réduire les différents malaises des victimes et de participer à leur bien-être physique, mental et émotif. De plus, il améliore leur estime de soi ainsi que leur espoir en l'avenir !

Apartheid et pardon :

L'archevêque Desmond Tutu, prix Nobel de la paix en 1984 pour sa lutte non-violente contre l'apartheid a eu la lourde charge de présider en 1995 la commission de la vérité et de la réconciliation en Afrique du sud pour permettre aux communautés noire et blanche de cohabiter en paix. Le pardon de chaque communauté à l'autre a joué un rôle essentiel dans ce rapprochement.

Se confondre en excuses :

S'excuser pour tout sans véritable motif est une manière de s'excuser d'exister. Cela dévoile une culpabilité intérieure qui nous structure et vient peut-être de l'enfance.

En nous excusant, autrui nous rassure. Il nous donne la valeur que nous ne nous reconnaissons pas et comble une faille en nous. Pourquoi ne pas changer en cherchant plutôt la raison de notre attitude ?

Culture japonaise :

Au Japon, s'excuser est un art très complexe appelé "Shasai". Il vise à rechercher un parfait équilibre entre offenseur et offensé. Aucun des deux ne doit perdre la face. Ainsi le chauffeur de taxi en vous ramenant votre objet oublié dans son véhicule, s'excusera mille fois de ne pas avoir vérifié sa banquette à votre descente. Il n'est pas rare non plus qu'un dirigeant procède à des excuses publiques et/ou télévisées pour sa mauvaise gestion.

En mars 2014, dans un communiqué retransmis à la télévision le premier ministre japonais s'est excusé de ne pas s'être excusé plus tôt pour la catastrophe nucléaire de Fukushima. Le même mois, un compositeur japonais sourd célèbre, Mamoru Samuragochi, s'est excusé d'avoir menti sur sa surdité et d'avoir utilisé les services d'un nègre pour composer.

Selon Deborah Tannen, linguiste américaine : «Les excuses sont puissantes. Elles résolvent les conflits, réparent des brèches entre les nations, amènent des gouvernements à reconnaître les souffrances des citoyens et rétablissent l'équilibre dans les relations humaines.»

Histoire :

Pour des offenses non excusées, il était d'usage chez les gentilshommes de régler l'affront en duel. Entre 1588 et 1608, pas moins de 8000 en sont morts directement ou suite à leurs blessures! Malgré l'arrêt solennel de décembre 1837, les morts inutiles continuèrent avec le soutien de l'opinion publique. Il faudra attendre la fin de la guerre de 1914/18 pour que la pratique soit réellement abandonnée.

"Les excuses sont faites pour s'en servir". Proverbe wallon

"Le pardon est une drôle de chose, il réchauffe le cœur et refroidit la piqûre". William Arthur Ward (écrivain américain 1921-1994)

"Avant de blâmer, il faudrait toujours chercher à voir si on ne peut pas d'abord s'excuser". Georg Christoph Lichtenberg (philosophe allemand 1742-1799)

MERCI, UN MOT PETIT MAIS COSTAUD

«Tu as dit merci ?» Combien de fois as-tu entendu tes parents te rappeler ainsi les conventions ! Jusqu'à ce que tu prennes plus ou moins l'automatisme... Ils faisaient leur travail d'éducateurs. Ils insistaient parce qu'ils savaient combien ce petit mot serait essentiel dans tes relations au monde.

Quand tu le prononces, tu envoies un signe de reconnaissance valorisante à son destinataire, tu le considères et confortes ainsi sa place dans ton cercle. Cela te donne de l'importance à toi aussi et améliore ton estime de toi.

Tu remercies bien sûr pour un cadeau, mais aussi pour du temps offert, un prêt, un service reçu... qu'importe, avant toute chose, tu remercies pour l'intention, la disponibilité bienveillante à ton égard. Même si l'objet en lui-même ne te convient pas, remercie pour cet acte d'altruisme. La pire des choses est d'être ignoré(e), cela nie notre existence même. Alors, prends également le temps d'observer tout ce que tes intimes font quotidiennement pour toi, et n'hésite pas à les remercier, cela leur fera très plaisir.

Porte aussi attention aux petites satisfactions de ta journée, ces petits rien qui éclairent l'instant et t'offrent du bonheur. Tu verras chaque journée a son lot de cadeaux. À toi d'en savourer toutes les secondes... Tu redécouvriras sous un angle nouveau tout ce qui te semblait jusque là "normal". La société exacerbe les envies et place chacun en insatisfaction permanente. Réapprendre à regarder ce qui t'entoure te rendra plus fort et plus heureux dans la vie.

L'art et la manière de remercier :

- Ne fais pas transiter ton remerciement par un tiers ami "Tu lui diras que je le/la remercie". Ce serait manquer du minimum de délicatesse. Tu te déplaces, sinon le téléphone, le courrier postal ou électronique et la fleuriste existent ! Ce ne sera jamais une perte de temps puisque tu y gagnes de l'estime.
- Remercie systématiquement mais ne te confonds pas en remerciements pour tout et rien. L'excès ne rend pas crédible, tes amis penseront ou que tu n'es pas sincère ou bien que tu ne trouves pas ta place dans leur cercle !
- On utilise aussi le "non, merci" pour atténuer un refus. En déclinant la proposition mais en tenant compte de l'aimable intention, on répond avec tact.

Et quand on te remercie, ne dis pas «Il n'y a pas de quoi» ni «Service» mais «Je t'en prie.» qui ne dévalorise pas ton acte.

Pourquoi fait-on un cadeau ?

Parce qu'il symbolise l'échange, un élément essentiel de la vie sociale et parce qu'il témoigne de nos bonnes intentions.
Par un cadeau, on marque un rituel, à Noël par exemple ou/et un lien affectif. Offert par un être cher, il se charge d'émotion et on a du mal à s'en séparer. Sa valeur affective n'est pas liée à son coût.
Il correspond parfois à une façon de se dédouaner d'une absence, d'un empêchement. Il compense.
En offrant un cadeau on fait plaisir, mais on se fait plaisir aussi car c'est une façon de faire reconnaitre sa proximité et son appartenance au cercle d'amis.
Un cadeau réussi s'offre de bon cœur, il nécessite une fine connaissance de l'ami/e, du temps pour le trouver. À défaut, on se rabat sur des valeurs sûres comme le chocolat ou un prix Goncourt. On réserve aux proches le cadeau à caractère intime comme le parfum ou la lingerie.
Un cadeau raté peut indiquer :
- le choix par égoïsme de se débarrasser d'une contrainte et d'y consacrer peu de temps.
- le choix de l'égocentriste qui fait un cadeau qui lui plairait sans tenir compte de la personne qui le reçoit.

- ou une formulation non verbalisée de reproche. Par exemple, offrir un livre sur les régimes...
Le cadeau trop cher peut traduire une obsession des apparences ou de la vantardise. Il risque de mettre mal à l'aise.
Le cadeau pratique est une façon de montrer son bon sens.
On peut se refuser à faire des cadeaux si, entre autres, on est mal à l'aise avec les émotions, si on refuse les rituels, ou si on souffre de la peur de manquer (avarice).

Un cadeau s'offre mais jamais il n'est du, ni ne se réclame comme les petits le font par caprice. Par contre, si tes proches te demandent de choisir, tu peux les remercier et leur indiquer ta préférence qui vaudra indication mais pas obligation...

Offrir des fleurs, mais lesquelles ?
Selon le langage des fleurs, chacune transmettrait son message. Ainsi,
le lis assurerait de la pureté de son amour,
le bégonia : amitié cordiale,
le myosotis : ne m'oubliez pas,
le camélia : amour pour la vie,
le pois de senteur : je ne vous crois pas,
la rose rouge : amour ardent,
la marguerite : patience amoureuse,
etc.

Dans la **croyance populaire**, les mouchoirs, autrefois en tissu brodé, ne s'offrent pas, pour ne pas faire entrer le malheur dans la maison, ni les ciseaux pour ne pas couper le lien d'amitié. Qu'en penses-tu ?
La revente des cadeaux sur un site, phénomène récent, explose aux lendemains de fêtes. Elle concerne ceux qui en sont émotionnellement détachés.

La gratitude, une attitude dans la vie :
S. Lyubomirsky, scientifique de l'université de Californie, a fait l'expérience de demander à un groupe de personnes volontaires de lister une fois par semaine les 5 choses pour lesquelles elles éprouvaient de la reconnaissance. Elle a remesuré ensuite leur niveau de bonheur : il avait augmenté de 25% ! Cela s'explique par le fait que l'expérience a exercé, comme un muscle, la sensation de gratitude qui apprend à être reconnaissant des cadeaux de la vie. L'esprit s'ouvre alors aux choses agréables. On ne se focalise plus sur les soucis et avec le recul, des solutions apparaissent. La gratitude est l'inverse du regret ou du désespoir. Elle ramène à leur juste proportion les nombreuses frustrations du quotidien qui nous démoralisent. Elle fait apprécier la richesse de l'échange et du partage, et ainsi permet de regarder l'avenir plus positivement. Elle s'autoalimente en améliorant l'estime de soi (effet boule de neige) et la sociabilité. Les lettres de gratitude qui ont prouvé leur impact positif sur leur auteurs (Université du Michigan, C. Peterson) en faisant 100% de gens plus heureux (!) et les journaux de gratitude sont des outils pour exercer cette émotion. Ils accroissent le sentiment d'appartenance au monde.

Ailleurs :
Au Zaïre, les intimes se vexent si on les remercie car ils le ressentent comme une mise à distance tandis qu'au Japon, on remercie avec les deux mains.

Histoire et (in)gratitudes :
À l'occasion de la commémoration de la libération de 1944, l'assemblée nationale française a voté un texte qui exprime "sa gratitude et sa reconnaissance" aux forces alliées qui, en débarquant en Normandie, ont permis de mettre fin à la guerre. Cet acte symbolique fort est suivi d'une demande d'inscription des plages normandes concernées au patrimoine mondial de l'humanité. Les parisiens, quant à eux, ont été invités à envoyer des selfies de remerciement aux new yorkais. (le monde 5/6/14)

L'histoire fourmille d'ingratitudes sur le plan militaire vis à vis des soldats qui risquaient leur vie au combat. On peut citer parmi d'autres :
- L'abandon des soldats autochtones au Viet Nam par les américains en 1975,
- Celui des Harkis en 1962 par les français à la fin de la guerre d'Algérie (reconnaissance du gouvernement français en 2012). Tous furent massacrés par leurs compatriotes.
- Les prisonniers russes libérés à la fin de la 2de guerre mondiale furent, eux, envoyés au goulag pour ne pas s'être évadés.
- Et que dire du soldat français Bersot, exemplaire au combat, qui fut fusillé en février 1915 pour avoir refusé de revêtir le pantalon rouge taché de sang de son camarade mort au combat ?

"La reconnaissance est la mémoire du cœur." Gustave Thibon (philosophe français 1903-2001)
"La gratitude libère (...) Elle fait d'un simple repas un festin, de notre maison un foyer, d'un étranger un ami." Mélodie Beattie (écrivain, américaine née en 1948)
L'expression familière: "Avoir la reconnaissance du ventre" signifie n'avoir qu'un faible intérêt pour la personne qui vous nourrit.

LES ÉPAULES POUR ASSUMER

Comme tu es un citoyen libre, tu as des choix à faire en permanence. Si certains ne sont pas très conséquents comme savoir si tu vas chez ton ami/e ou pas, d'autres t'emmènent vers l'inconnu : t'inscriras-tu pour l'année dans l'équipe de hockey sur glace alors que tu n'as jamais pratiqué ce sport tentant ? Et si y étais nul ?

Tu as deux solutions :

- soit tu laisses les évènements décider pour toi, tu verras plus tard. Finalement, tu es très bien comme ça. Pourquoi risquer de te tromper ?
- Soit tu te dis que tu n'as rien à perdre en essayant sinon du temps. Apprendre t'apportera toujours quelque chose et tu t'inscris.

Dans le premier cas, tu ne seras pas bousculé dans tes habitudes mais tu n'auras pas progressé. Régulièrement, tu penseras avec quelque regret "j'aurais peut-être du...". À tes amis, tu diras que tu n'avais pas le temps d'y aller et que tu verras l'an prochain.

Dans le second, si tout se passe bien tu seras très content de ton nouvel horizon mais si tu n'accroches pas, tu assumeras ton choix et continueras jusqu'à la fin de ton engagement pour ne pas pénaliser ton équipe. Tu auras connu de nouveaux copains. Tu réfléchiras aux raisons de cet essai malheureux et comprendras mieux ce qui te convient vraiment. Tu ne commettras pas deux fois la même erreur. Tu seras capable d'en parler sans honte à tes parents et ils comprendront.Tu seras sans regret. Cette expérience t'aura fait progressé et grandir.

La difficulté de faire des choix :
On dit que choisir, c'est se mutiler, parce que nous aimerions tout avoir. Notre décision nous force à renoncer aux autres possibilités. Il faut une certaine maturité pour l'accepter. Décider, c'est aussi agir, prendre en main sa vie et devenir indépendant.

La peur de l'erreur :
Elle tétanise beaucoup de personnes qui vivent l'échec comme une honte. Ils finissent par ne plus rien tenter pour ne pas risquer de se tromper. Ils oublient que l'erreur est la base de tout apprentissage. Par exemple, jouer d'un instrument demande des heures de répétition. Au début, on fait quantités d'erreurs qu'on rectifie et qui disparaissent progressivement. Le musicien n'est prêt que lorsque ses doigts et sa tête connaissent le morceau par cœur. Ce serait vanité et folie que de prétendre jouer correctement dès le début !

Les vertus de l'erreur :
- Grâce à elle, on apprend.
- Elle nous accorde le mérite et le courage d'avoir au moins essayé.
- Si on l'assume, elle nous oblige à nous remettre en cause et à évoluer.
- Elle nécessite la persévérance pour dépasser son stade.
- Elle devient expérience et guide nos futurs choix, en prenant plus de précautions, elle nous amène à anticiper.
- Elle nous rend plus responsables.

Se donner le droit à l'erreur :
L'erreur est humaine. On en fait à tous les âges, à tous les niveaux, soit par mégarde, soit par ignorance. Il n'y a aucune honte à être un humain !

Choisis entre assumer une erreur :
- Cela veut dire déjà l'accepter sans la minimiser et être capable de l'endosser «J'ai cassé» à la place de «il s'est cassé».
- L'étape suivante est de maitriser sa crainte ou sa peur quelle que soit la gravité des conséquences. Elles seront forcément mauvaises conseillères. Elles sont capables de rajouter à la difficulté de l'instant.
- Tu ne peux remonter le temps et changer les choses, il te faut analyser calmement la situation.
- Tu vas envisager plusieurs sorties possibles et choisir la meilleure en tenant compte de tous les éléments (gérer les urgences, réparer).

Cette attitude reste valable pour chaque erreur, chaque échec à assumer et à dépasser. Elle fait de toi un adulte qui prend ses responsabilités.

Ou ne pas l'assumer...
En ce cas, la crainte l'emporte et t'oriente vers la fuite sous toutes ses formes. Tu ne te veux pas auteur mais victime.
- En crise de panique, elle peut réussir à te faire fuir vraiment, physiquement !
- L'objet s'est cassé tout seul, ce n'est pas de ta faute. Tu poses un regard trompeur sur la réalité. Tu déportes la responsabilité de ton acte.
- Elle te fait parfois nier l'évidence et persévérer dans l'erreur jusqu'à ta perte, tellement la simple idée de te tromper est inacceptable pour toi. Tu ne peux te remettre en question. Tu es alors de mauvaise foi parce que tu te mens à toi-même, tu vis une illusion. Tu fais semblant de ne pas voir que tu peux te tromper comme tout le monde. C'est un cul-de-sac.
- Elle t'offre le mensonge comme dernier refuge : ce n'est pas toi, tu as recours à une excuse bidon ou un alibi, mais il te décrédibilise aux yeux de tous et tu exaspères ton entourage.

La crainte met entre la réalité et toi un voile protecteur dans l'instant mais destructeur à plus long terme. Tu appartiens à ta peur, t'enlises dans le mensonge et bloques ton évolution.

ERREURS AU PLUS HAUT NIVEAU :

- En 1874, le pianiste Rubinstein qualifia le concerto pour piano n°1 que lui présentait Tchaïkovski de ''musique qui le répugnait''. L'auteur se vexa et dédicaça l'oeuvre à quelqu'un d'autre. Le morceau fut un succès et Rubinstein reconnut son erreur. Il en devint l'un des meilleurs interprètes.
- Erreur judiciaire : Mr Machin fut condamné à 18 ans de prison pour un meurtre qu'il n'avait pas commis. Acquitté en 2012 après plus de 6 ans d'incarcération, la justice admit son erreur. L'état lui a versé une indemnité pour réparer le tort subi.
- Erreur médicale : en novembre 2012, à l'hôpital de Vienne, un patient fut opéré en urgence à la place d'un autre, suite à une confusion d'identité.
- En janvier 2013, le FMI (fond monétaire international) avoua une erreur dans un calcul qui a justifié la politique d'austérité européenne.

Les fausses excuses :

Je n'ai pas le temps.
Je n'y arriverai pas.
Je le ferai plus tard.
Mes parents ne sont pas d'accord (sauf si c'est vrai !).
Humour : Des auteurs ont compilé des ''perles'' (exemple ''Je suis en retard parce que cela a sonné avant que j'arrive.'' web-tricheur.net) Tu y trouveras des mots d'excuses hilarants. Un plaisir à ne pas bouder.

Des sites proposent même aux adultes qui n'assument pas (ça existe) de leur vendre la fourniture d'alibis pour couvrir leurs mensonges qui s'adressent souvent à leur conjoint ! Qu'en penses-tu ?

Délit de fuite :
Causer un accident et s'enfuir de peur panique ou pour se dérober volontairement à ses responsabilités est sévèrement condamné par la justice. Cela arrive régulièrement lors d'accidents de la route. Ne le fais jamais car tu aggraverais ta situation. Tu ne bénéficierais d'aucune excuse !

Citations et proverbe

''L'erreur est humaine, admettre la sienne est surhumain.'' Doug Larson (chroniqueur américain né en 1926)
''La sécurité est le choix le plus risqué qu'on puisse faire.'' Sarah Ban Breathnach (auteure de best-sellers américaine)
''Faute avouée est à demi pardonnée.'' (Proverbe)
''Quand on veut on trouve une solution, quand on ne veut pas on trouve une excuse''. Dicton

Expressions :
''Au temps pour moi'' signifie reconnaître notre erreur et vouloir repartir au départ pour reconsidérer la chose. Les deux orthographes (au temps et autant) sont admises dans le doute car aucune des deux ne se justifie vraiment.
''Vouloir le beurre et l'argent du beurre'' : expression familière signifiant ne pas pouvoir choisir.

ROMPRE : OUI, MAIS AVEC ÉLÉGANCE

"Les choses les plus difficiles à dire sont bonjour pour la première fois et au revoir pour la dernière." (Moira Rogers)

Dans un couple, une rupture marque un tournant dans la vie. On a besoin de mots pour en comprendre les causes et de temps pour en accepter l'idée.

Si tu as désiré cette relation,c'est que tu as reconnu dans la personne, des qualités qui la rendaient estimable à tes yeux. Vous avez vécu une histoire commune. Les sentiments se sont émoussés, mais pas ses qualités. Ne confonds pas tout.

★ Veille donc à ne dire que du bien de lui/d'elle, en le/la respectant, tu te respecteras aussi. Sinon, tu aurais été bien nul(le) de sortir avec quelqu'un d'aussi nul !

★ N'utilise pas les reproches et ne dévalorise pas l'autre. Vous étiez ensemble à gérer cette relation.

★ En règle générale, affiche de la discrétion et ne raconte pas des événements intimes de votre relation amoureuse, cela ne regarde que vous, sinon, tu risques d'amuser les autres à tes dépends : tu perdras la confiance de tes proches qui n'accepteront pas l'image de toi que tu leur renverras.

Fais acte de courage, prépare tes arguments et choisis le face à face pour annoncer et expliquer sans agressivité ta décision de rupture.

Choisis un lieu neutre (pas chargé de souvenirs) et ne laisse pas de faux espoirs. Ce serait cruel de prolonger la douleur.

L'important est de la clore avec respect mutuel et garder le souvenir du bonheur que vous y avez puisé. Et quelque soit la réaction de l'autre, même violente, ne change pas de cap. Tu n'auras jamais à le regretter.

La rupture virtuelle, la pire manière de rompre :

Un quart des couples de 18 à 29 ans rompraient par textos, mails, facebook... L'annonce est brutale. Elle prive l'autre de l'indispensable conversation qui aurait fourni des mots pour mieux comprendre, de mots pour répondre et pour accepter. L'autre se pose des questions qui restent sans réponse, cherche toutes les pistes, y compris celles qui à tort remettent sa personnalité en cause. Il /elle ressent de l'injustice, de l'incompréhension, de la frustration et de l'humiliation.

C'est cruel et inutile. Si on l'a choisi comme compagne(gnon) de vie, il/elle méritait mieux que ça. Ce n'est pas un objet dont on se débarrasse, même s'il suffit d'un clic pour rayer quelqu'un de notre liste sur les réseaux sociaux. La relation qu'on a eu avec l'autre n'a rien de virtuel. Il/elle fait partie à jamais de notre propre histoire.

Cette manière de procéder déshumanisée montre de l'irrespect, de l'immaturité mais aussi de la lâcheté. En effet, c'est le choix de la facilité plutôt que du courage nécessaire à une discussion réelle pour assumer sa décision. C'est le choix de la fuite... dont on n'est jamais fier plus tard.

Si tu subis ce type de rupture, voici la première chose à penser :

Utiliser une façon aussi cavalière montre que l'autre ne pouvait pas être à la hauteur de tes attentes et n'aurait pas été la bonne personne avec laquelle tu aurais pu construire une vie de qualité. Prends acte et applique le silence radio. D'une certaine façon, cet acte brutal te rend service en te redonnant toute liberté. Cette expérience te servira à mieux orienter tes choix.

L'urgence est de gérer cette douleur qui peut ravager ton cœur. Donne-toi le droit de pleurer pour évacuer ta peine, et de te faire aider par ton médecin si nécessaire. Rapproche-toi d'une personne sure qui pourra t'aider et saura respecter ton intimité. Pour éviter de ressasser, évacue de ton espace tous les objets qui te rappellent l'autre, sans s'en prendre à ses affaires, ce ne serait pas très classe. Reste digne, tiens-les à disposition chez une tierce personne. Recentre-toi sur les sports ou activités que tu aimes. Le temps va t'aider à faire l'indispensable deuil, à accepter progressivement la rupture et à te reconstruire, sans doute mieux, sans doute plus fort(e) même si cela te paraît impossible dans l'instant.

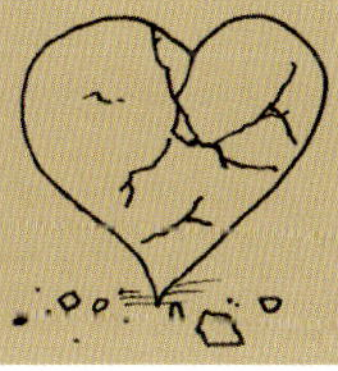

Étude :

Une étudiante en thèse a analysé les étapes de la drague sur le réseau social. On espionne sa cible sur le réseau avant de l'approcher par messages et de faire la demande de ''friends''. On analyse et commente entre amis le profil obtenu puis débutent les messages. Une fois la relation rompue, ils continuent pour 18 % à surveiller le profil de leur ex, d'après une étude du Pew Institute sur la drague digitale.

Cadenas :

Les touristes sont surpris par la quantité de cadenas qui sont fixés sur les ponts parisiens. Chacun a été placé par un couple d'amoureux pour symboliser l'attachement indéfectible et éternel de l'un à l'autre. Ensuite, jette-il la clef dans le fleuve ? Mais leur nombre est tel que les touristes n'ont plus le loisir d'admirer les ponts, à leur grand regret !

BON PERDANT A PLAISIR À JOUER

Si tu as déjà expérimenté le jeu avec un mauvais perdant, tu as pu constater dans quel état il se met pour un simple jeu ! Dès que ça tourne à son désavantage, il commence à se renfrogner. La perte qui s'annonce lui est inacceptable, il trouve mille excuses pour la justifier, reproche à son partenaire d'avoir trop de chance. Ensuite, il pinaille, fait preuve d'une incroyable mauvaise foi, pourrit l'ambiance et gâche le plaisir des autres pour de toute façon finir par se fâcher... Bref, il se montre puéril, égocentrique et parfois même tricheur ! À 5 ans, passe encore mais adolescent ou adulte, ça ne fait rire personne. Tu ne renouvelles sans doute pas l'expérience tant qu'il confond partenaire de jeu et adversaire, jouer avec et jouer contre.

Même si chacun joue pour gagner, la victoire compte moins que le plaisir de la partie. Plutôt que de fanfaronner «J'ai gagné!» mieux vaut dire: «Nous avons bien joué et passé un bon moment ensemble.» en échangeant une poignée de main, une accolade chaleureuses ou encore un pot !

Le véritable intérêt du jeu :

Le jeu projette l'enfant dans l'imaginaire et exerce ses réactions aux situations. Il développe ses aptitudes à gérer des émotions et la frustration. Il est physiquement et intellectuellement indispensable à la construction de l'enfant. Ensuite, celui-ci se rend compte que le jeu est l'occasion de communiquer et en échange de ce plaisir, il accepte les règles. Le jeu participe à la socialisation et au brassage social en réunissant dans une ambiance conviviale des participants d'horizons divers. Il révèle le caractère de chacun, son goût pour la stratégie, et ses capacités à inventer, créer, persévérer.

Pourquoi tricher ?

Le petit, dans la toute puissance, a besoin d'être au centre et que rien ne lui résiste. Sans malice, quand il refuse que le jeu lui échappe, il en adapte les règles pour garder la maitrise.

Plus tard, la crainte de ne pas réussir par soi-même conduit certains ado à tricher, notamment aux examens; pourtant la plupart n'en auraient pas besoin pour réussir. Leur manque d'assurance leur fait prendre des risques inutiles. Ils se piègent également car ils dévalorisent à leurs yeux ce qu'ils ont obtenu et croient encore moins en eux. Il faut de la détermination et du courage pour sortir de cette spirale.

Des adultes tricheurs professionnels, ça existe, tels que Richard Marcus, habile au casino, ou Bernard Madoff, escroc américain condamné à 150 ans de prison. Ils tirent plaisir à transgresser les règles et à vivre dangereusement. Qu'en penses-tu ? «Le jeu en vaut-il la chandelle» ?

Jeux des limites :

Les jeux dangereux renvoient souvent à un mal-être de l'adolescent quand il peine à trouver sa place dans la société. Il se met ainsi à l'épreuve, essaie de dépasser sa peur, de mieux se connaître. Le danger passé, il se sent d'autant plus rassuré d'être en vie. Il cherche en quelque sorte des preuves et le sens de son existence.

Certaines activités adultes à haut risque comme le base jump, l'alpinisme, la cascade ne donnent pas droit à l'erreur. Ils densifient l'intensité du moment vécu et cassent la routine du quotidien.

La conduite ordalique :
Dans ce cas, la personne met sa vie en danger sans garder la maitrise du risque comme dans certains sports. Ils s'en remettent au sort avec par exemple la roulette russe ou les risques routiers.
L'ordalie était au moyen-âge couramment utilisée pour déterminer la culpabilité ou l'innocence d'un accusé. On lui faisait passer une épreuve physique extrême et Dieu donnait sa réponse. Il s'agissait de tenir une barre de fer rouge ou de plonger la main dans de l'eau bouillante. Le bras était aussitôt bandé et trois jours plus tard si la plaie était belle, Dieu avait innocenté l'accusé. De même, s'il coulait quand on le plongeait dans de l'eau glacée.

L'EXCÈS RÉVÈLE NOS FÊLURES :

Jouer encore et encore à ne plus avoir de temps libre marque certainement une conduite addictive. Mais tant que tu n'as pas essayé de t'arrêter, tu ne peux pas savoir si tu es dépendant ou pas. Si tu n'y parviens pas, tout en sachant ses conséquences négatives, c'est la preuve que tu as perdu le contrôle. 20 à 30 % de la population serait addictive, la majorité directement à des substances comme le tabac, la drogue, l'alcool, les autres à une conduite addictive sans substance : le shopping ou achat compulsif, le sexe, les jeux vidéo, les jeux de hasard, les paris...

Les addictions auraient souvent pour origine l'anxiété et le désir de combler un manque. Elles permettent un plaisir immédiat et masquent leurs effets négatifs. Elles trompent notre système de plaisir universel naturellement sain.
On aurait 8 fois plus de risque d'être concerné quand nos parents l'ont été, mais notre environnement (avoir l'occasion) peut nous y favoriser et bien sur certaines substances créent la dépendance de façon plus fulgurante que d'autres. On comprend mieux l'origine latine du mot addiction : esclavage !
Consulter reste la meilleure décision à prendre pour se faire aider, sans honte à avoir, ni culpabilité. Au contraire, il s'agit d'une décision courageuse à saluer.

Addict jusqu'à épuisement :
Un sud coréen est décédé d'épuisement en 2005, après avoir joué pendant 49 h sans discontinuer à un jeu vidéo dans un cybercafé tandis que Dostoïevski, écrivain russe (1821-1881) auteur du ''joueur'' est devenu ''accro'' à la roulette russe après le meurtre de son père alcoolique et tyrannique, par ses employés excédés. (Télérama n°3336/37)

Le traditionnel jeu des 7 familles ou le douloureux apprentissage de la frustration : notre illustrateur se souvient de l'horreur que c'était à rendre des cartes si patiemment accumulées ! Et, toi, quels souvenirs en as-tu ?

En Suisse :
En mai, la journée annuelle du jeu est y très animée. C'est une grande fête de la convivialité. Ne la boude pas si tu as l'occasion d'y participer.

Fair play, franc jeu, esprit sportif :
Voici trois mots pour désigner la conduite honnête au jeu, c'est à dire le respect des règles, de l'adversaire, du public, la maitrise de soi et la dignité dans la défaite.(wikipedia)
Certains sports sont particulièrement vigilants sur l'étiquette comme le golf pour lequel ont été établies des ''règles d'or'' très stricts concernant le savoir-vivre entre joueurs mais aussi la sécurité sur le parcours. On se présente habillé sur le terrain. Etre torse nu expose à une exclusion immédiate. Les saluts, la poignée de mains font partie du rituel de bonne conduite, en judo, tennis, foot... On se souvient de la réaction violente de Zidane au manque de respect d'un joueur ou de l'humour de Dany Alves face à un spectateur raciste.

(coup de tête et manger de banane)

Tennis :
Connais-tu le champion de tennis, qui a défrayé plusieurs fois la chronique en raison de son caractère et de ses colères lorsqu'il perdait et même lorsqu'il gagnait ?

Foot et guerre :
Alors que le Honduras et le Salvador avaient déjà des relations très tendues depuis des années, en 1969, deux matchs de foot, éliminatoires pour la coupe du monde, suffirent à mettre le feu aux poudres : plusieurs semaines de guerre s'ensuivirent. (Courrier international n° 1233).

La drague : un jeu amoureux ?

Certainement car elle nécessite de la distance, de l'insouciance et de l'abandon. On ressent plus qu'on ne réfléchit....à condition de ne pas tomber amoureux(se). Dans ce cas-là, on ne joue plus, la gravité et le sérieux ramènent vite à la réalité.

Règle générale :

Pour plaire, il n'est pas nécessaire de jouer et de s'enfermer dans un personnage. Le naturel est au moins durable.

La vulgarité est aussi à exclure pour la drague. Clins d'œils appuyés, gestes déplacés, voilà la façon la plus sûre de "prendre un râteau" plutôt que de "se faire éconduire". Ils compromettent sérieusement le présent et... l'avenir.

INSULTES ET PROVOCATIONS TÊTE DE C...

Sans donner le moindre coup, tu peux faire très mal : avec des mots. Voilà comment :

- Ton groupe d'amis impose un code en signe de reconnaissance et chacun l'utilise pour faire partie du groupe. Mais attention, en adaptant ton langage, les gros mots peuvent te devenir si familiers que tu risques d'en faire des automatismes et les laisser s'échapper de ta bouche même quand tu n'es plus entre amis. Et ces mots mal maitrisés peuvent faire mal. En les banalisant dans ton langage, tu marques aussi tes origines. Sans doute, as-tu l'impression que cela te donne le poids du groupe. Mais tu as suffisamment de qualités en toi-même pour qu'on t'apprécie sans ce recours-là.
- "Charrier" un ami peut être un jeu sans conséquence si tu le connais bien. Mais il faut avoir conscience que s'il n'a pas ta sensibilité ni ton sens de l'humour, cela peut lui faire mal... Par précaution, pense au sens premier de tes gros mots. Par exemple, ne fais pas référence à la race ou à la famille, tu l'insulterais. Cela ne donnerait pas une image positive de toi et d'une certaine façon, tu te salirais également.
- La colère, quant à elle, est toujours une mauvaise conseillère. En aucun cas, cette émotion ne t'autorise à insulter autrui. Il te faut la dominer, quitte à sortir prendre l'air, le temps de te calmer. Sinon tu ne seras pas crédible car devenir adulte c'est être responsable de ses actes.

Le rôle des gros mots :

Le juron correspond à un mouvement d'humeur : surprise, colère, joie... Il décharge notre agressivité. Il est dit spontanément et ne s'adresse à personne. Il remplace souvent le mot de vocabulaire qu'on n'a pas.

Jurer apporte aussi le plaisir de jouer avec des mots, d'en inventer, de se les approprier. Rappelle-toi des ''caca-boudin''que les petits prononcent malicieusement en éclatant de rire...

Enfin, jurer laisse transparaitre notre appartenance à un groupe tout comme la prononciation et l'accent.

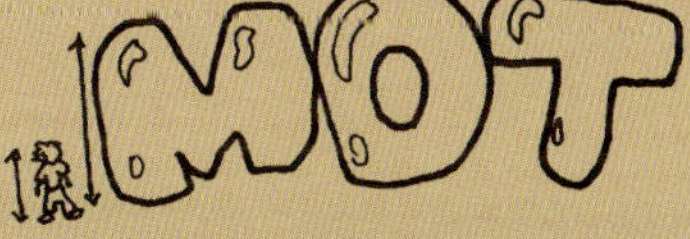

Quand un gros mot devient une insulte :
L'insulte s'adresse à quelqu'un pour le dévaloriser, elle traduit la volonté de faire du mal. Il faut lui accorder que prononcée seul(e), pour soi, elle défoule.
Mais dirigée contre quelqu'un, elle blesse et rend sa victime agressive. Bref, elle ne résout rien, envenime plutôt les choses et salit aussi son auteur. À l'utiliser, tu as tout à perdre !

Pourquoi une insulte nous fait mal ?
L'insulte pointe parfois un élément physique, le grossit, le déforme comme s'il n'y avait que lui pour nous définir. La victime se sent moche et inintéressante. L'insulte dévalorise et touche à l'estime de soi qui permet de réussir. Elle éjecte du ''bon'' groupe et isole dans le ''mauvais''.
Elle touche souvent à ce qui est le plus proche, la mère, la famille, l'origine et cela fait d'autant plus mal que cela est cher.
L'insulte proférée devant les autres humilie davantage car les rires des autres, même gênés, font écho dans la mémoire de la victime qui pour sauver la face peut être tentée par la violence. Si cette situation se répète, il faut en parler à un adulte de confiance pour ne pas souffrir en silence et pour sortir de cette spirale infernale.

Comment réagir ?
En premier lieu, il ne faut accorder aucun crédit au contenu de l'insulte. Elle ne sert qu'à décharger de l'agressivité : tu as affaire à quelqu'un qui a des problèmes personnels mais cela ne lui donne pas pour autant le droit de se défouler sur quelqu'un, toi ou un autre.... Cherche à comprendre ce qui motive ton agresseur : désire-t-il la reconnaissance des autres ? Le pouvoir ? Est-ce involontaire ? Garde ton calme et demande-lui pourquoi il a besoin de tant de violence. N'hésite pas à utiliser l'humour, il comprendra qu'il a raté son but.

Dès que tu peux, dis-lui ce que tu n'as pas apprécié et pose tes limites. S'il les transgresse de nouveau, parle-en à ta famille, ou à un responsable de ton établissement et porte plainte soit à la gendarmerie soit en écrivant au procureur de la république.

Vers la banalisation ?
Dans les journaux, les livres, sur les plateaux télévisés, les injures sont devenues fréquentes, comme si certaines faisaient presque partie du vocabulaire quotidien ! ''Merde'' s'est banalisé, ''enfoiré'' a même été repris au positif par Coluche ! Cela fait oublier le poids des mots qu'elles véhiculent et leur pouvoir de faire mal. Ce n'est pas qu'une façon de parler...

Quelle différence entre insulte, injure, outrage et offense ?
L'insulte est un peu moins grave que l'injure qui concerne tout le monde.Sinon outrages et offenses s'adressent à des personnes différentes. L'outrage, plus grave, est prononcé contre un agent public (professeur, policier, pompier, magistrat...) et l'offense atteint le président de la république.
Les injures publiques sont plus lourdement sanctionnées mais si elles font suite à une provocation, elles ne le sont plus.
Le droit ne badine pas avec : par exemple amende de 12 000€ maximum pour une injure (publique) sur un blog ! Ou 22500€ maximum si elle touche la race, l'orientation sexuelle, le sexe, la religion ou le handicap.

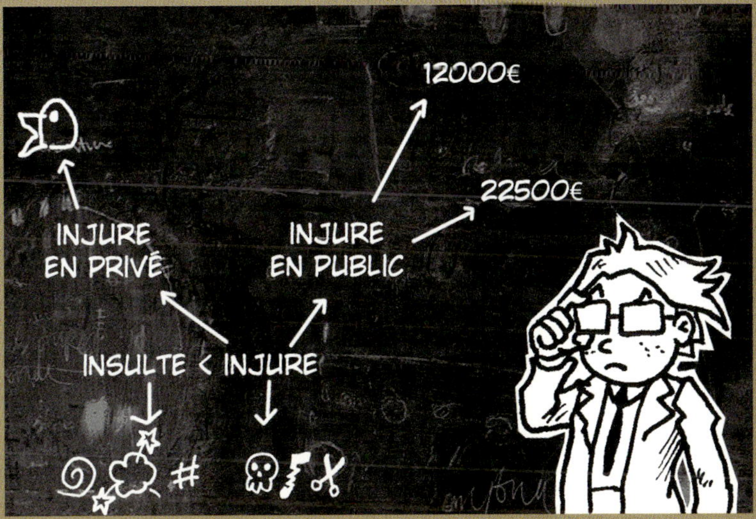

Citations

"La violence.....est le dernier refuge de l'incompétence." Isaac Asimov (écrivain américano-russe 1920-1992)
"La non-violence est le summum du courage". Gandhi (guide spirituel indien et homme politique 1869-1948)
"C'est la colère non gérée qui donne naissance à des explosions de violence et non la colère gérée". Claudia Rainville (médecin canadien proche du Dalaï lama)

La sélection française pour la coupe du monde de foot de 2014 a donné lieu à un dépôt de plainte pour injures publiques du sélectionneur Didier Deschamps contre la compagne d'un joueur non sélectionné qui avait écrit un tweet vengeur.

Surprenante maladie !
T'imaginerais-tu, sous l'effet d'une impulsion, proférer tout à coup des mots obscènes sans que tu puisses les contrôler et où que ce soit ? C'est ce qui arrive aux malades atteints du trouble neurologique verbal (le plus rare) du syndrome Gilles de la Tourette ! Cette maladie se traduit par des tics. Elle concerne moins de dix enfants sur 1000, majoritairement des garçons, et tend à s'estomper à l'adolescence. Dans certains cas, les tics affectent la parole. Cette impulsion à proférer des mots obscènes porte le nom de coprolalie.

L'argot et les gros mots ont toujours existé et existent encore dans tous les pays.
Dans l'antiquité pour insulter la mémoire de son ennemi, on allait piétiner sa tombe.
Au moyen-âge, on se traitait "d'escorche raine" (écorcheur de grenouilles), on insultait en souhaitant "Que cent diables te sautent au corps!".
Les thèmes éternels semblent se fixer sur :
- le registre du corps, sexuel ou scatologique. En 1809, Napoléon n'a-t-il pas lancé à Talleyrand qu'il soupçonnait de trahison : "Vous êtes de la merde dans un bas de soie!"
- celui de la mère et de la race : "Géménée de godinette" au moyen-âge et "Nique ta mère" actuellement.
- Celui de la religion avec "Palsembleu" au moyen-âge ou "Nom de Dieu" encore utilisé aujourd'hui.

Le mot insulte vient du latin médiéval "insultus" qui signifie assault/attaque et qui traduit bien toute la violence contenue ! De même, l'expression "petites phrases assassines" ne laissent planer aucun doute sur l'envie de tuer symboliquement la victime.
De nombreux ouvrages dont "le dictionnaire des injures" d'Edouard R. sont consacrés à ce phénomène.
Au Québec, les sacres sont synonymes de jurons. Pour "espèce d'imbécile" sont utilisés : "Maudit niaiseux" ou plus blasphématoire : "Crisse de cave". Et le "Fucking" anglais rivalise avec le ''Putain'' marseillais.

LA VENGEANCE ? OUBLIE, C'EST NUL !

Se venger pour réparer un affront et voilà la victime qui devient agresseur. Et si la nouvelle victime veut se venger à son tour ? Tous deux rentrent dans une spirale infernale. Des années durant, certains clans se haïssaient et se battaient vainement sans plus savoir pourquoi, ni qui avait commencé, comme les O'Hara et les O'Timmin dans la B.D. de Lucky Luke.

La vengeance ne se justifie plus, nous ne sommes plus aux temps reculés où chacun assurait sa propre sécurité. Nous déléguons ce rôle à la justice de notre pays qui a le devoir de protéger notre personne, notre honneur, notre territoire et nos biens.
La vengeance est une justice privée qui agit de façon partiale et disproportionnée. Elle est interdite par la loi car "Nul n'a le droit de se faire justice soi-même".
La peine de mort peut être considérée comme un acte de vengeance de la société. Elle a été abolie en France en 1981, mais existe encore dans de nombreux pays comme les États Unis ou L'Inde.
Un proverbe anglais puise dans la dignité une autre raison de laisser tomber toute idée de vengeance : "Se venger d'une offense c'est se mettre au niveau de son ennemi; la lui pardonner c'est se mettre au-dessus de lui."

Il ne faut pas confondre vengeance et légitime défense, autorisée pour te protéger au moment même d'une agression bien réelle, Quand tu n'as pas d'autre solution pour éviter le danger, comme la fuite par exemple. Tu dois répondre alors de manière proportionnée : ne pas utiliser un bazooka si on te menace avec un bâton !

"Oeil pour œil, dent pour dent"
La loi du talion (du latin "talis"= pareil) remonte à plus de 1700 ans avant J.C.. Elle préconisait de condamner l'auteur à la même peine que celle infligée à sa victime. Ainsi, s'il avait tué, même accidentellement, le fils de quelqu'un, on tuait son propre fils; s'il avait crevé un œil, on crevait le sien !
Cette loi semble aujourd'hui dépassée et barbare mais elle correspondait à un progrès pour l'époque où la vengeance privée était la règle et donnait lieu à des actes de vendetta entre clans. Elle a été une étape intermédiaire entre la justice privée et la justice actuelle.

Provocations :
Bras d'honneur, doigt, provocations physiques ou verbales dégradent particulièrement leur auteur. Il fait la démonstration peu reluisante de son animalité. Observe la scène avec beaucoup de distance et ne relève surtout pas. Tout au plus, réponds-lui que ses paroles n'engagent que lui et que tu préfèrerais le voir sous un autre jour. Et éloigne-toi.

Défis = dégâts en vue

Comment obliger quelqu'un à faire quelque chose malgré lui, contre tout bon sens ? En lui lançant un défi, en piégeant son honneur... avec la toile ou le groupe pour témoin. Les plus fragiles vont jusqu'à mettre leur vie en danger, tétanisés par la peur du ridicule tandis que les plus forts renvoient leur commanditaire à plus de responsabilité et de mesure.

Ainsi, le jeu «À l'eau ou au restau» a fait une nouvelle victime, un jeune breton de 19 ans décédé noyé tandis que la vague de neknomination (se filmer en buvant de l'alcool) a nécessité des hospitalisations.

Les jeux du foulard ou le cercle infernal utilisent aussi la pression du groupe pour mettre en danger ses membres.

Face aux défis, montre-toi le plus intelligent. Ne te laisse pas influencer. Accepter le diktat, c'est rentrer dans un enchainement sans fin d'un jeu au jeu suivant. Détourne la règle comme ce jeune qui a suggéré en retour d'offrir un repas chaud à un sans abri plutôt que de se jeter à l'eau. Tu montreras ainsi qu'on ne t'impose pas n'importe quoi, que tu sais diriger ta vie et faire tes choix en conscience.

CONNAIS-TU LE REPASSAGE EXTRÊME ?

Voilà un sport individuel qui ressemble fort à un défi mais que ses adeptes choisissent librement : il s'agit de repasser dans un lieu incongru, de préférence dangereux et en emportant, bien sur, le matériel avec soi. Le haut d'une montagne escaladée, en forêt, à ski, sous la glace d'un lac gelé, le sommet d'une statue ont déjà été expérimentés ! Ce sport, inventé par un anglais, renouerait avec la traditionnelle excentricité britannique. Les championnats de Valais en 2003 en Allemagne ont rassemblé 1005 équipes venues de dix pays différents

LA DÉLATION ? CONNAIS PAS !

Te voilà abasourdi, sonné par ce que tu viens d'apprendre. D'ailleurs c'est impossible, pas lui, pas ton meilleur ami... c'est une blague...
Tu as toute confiance en lui, tu le connais depuis si longtemps, il n'a pas pu te faire ça !
Mais Armel insiste, et ce que tu entends est cohérent, troublant par certains détails. Pourtant, tu n'en crois toujours pas tes oreilles.
Il te faut quelques minutes encore pour sortir de ta stupeur. Tu es abattu. Une douleur serre ta poitrine. Tu n'as plus de jambes, heureusement tu es assis !
Maintenant viennent les questions. Mais pourquoi a-t-il fait ça ? Qu'est-ce que cela lui donne ? Et votre amitié alors ? C'est un lien plus fort que tout. Mais pourquoi ? Tu ne comprends pas... tu croyais en lui.
Tu te sens lâché, abandonné. Quel gâchis, les larmes te montent aux yeux.

Jamais tu n'aurais fait ça, toi ! Ça ne te serait même pas venu à l'idée. Toi, tu es loyal au moins. Comment a-t-il pu ? Comment a-t-il osé ?
Un sentiment de révolte monte en toi, puis lentement la colère...
Jusque là, il t'avait donné des gages de confiance. Rien ne le laissait supposer. Il a fait son choix et t'a lâchement trahi. Tu ne pourras jamais le lui pardonner, ni l'oublier.
Tu regrettes de t'être trompé en lui accordant ta confiance.

Bien placer sa confiance :

On ne peut prétendre bien connaître une personne. Il y a toujours une part d'incertitude. Il nous faut donc composer avec notre ressenti, avec ce qu'on observe de son comportement... et décider intérieurement si on pense qu'à l'avenir, elle sera avec nous comme nous l'imaginons, honnête et loyale. On fait en quelque sorte un pari sur elle. On prend le risque d'être déçu(e) si on lui accorde notre confiance. Mais en contrepartie, on est détendu en sa compagnie, et un lien fort se tisse entre nous.

On fait confiance à des personnes : sa famille, ses amis, un médecin, un expert mais aussi à des choses (un moteur par exemple) ou des institutions : école, parti politique, Dieu...

Sans confiance, on ne se sentirait jamais en sécurité, nulle part, la vie serait une angoisse permanente. Nous en avons besoin pour développer notre personnalité et pour vivre en société.

Bien placer sa confiance revient donc à bien mesurer le risque. On peut s'aider en se posant ce type de questions sur la personne :

- Est-ce qu'elle respecte le code relationnel (politesse) ?
- Est-elle prévisible ?
- Est-elle fiable (tient -elle parole) ?

Être loyal(e) :

C'est respecter une sorte de code de bonne conduite entre des personnes unies par un lien fort, être fidèle. Notre droiture prouve :

- l'importance qu'on accorde à l'autre en amitié, en amour,
- notre sens de l'honneur, notre fidélité aux idéaux qui nous unissent (armée).

Quelqu'un de loyal préserve toujours le lien.

LA TRAHISON :

C'est la rupture d'un lien basé sur la confiance et la loyauté.
Elle survient brutalement, de façon dramatique et spectaculaire.
Le traitre renie un lien au profit d'un autre. Il rompt un pacte (un serment, un secret professionnel, un rituel social) par une infidélité, une haute trahison, une défection, une collaboration ou une révélation d'information.
Il provoque toujours une crise douloureuse qui interroge, remet en cause intimement et qui est d'autant plus dévastatrice qu'on ne comprend pas. Il faut faire face à des pertes inexorables. On se trahit dans la famille, entre amis, collègues, états.

On l'accuse d'hypocrisie et de lâcheté mais sa trahison est parfois une question de point de vue. Car chaque cadeau nous engage à un retour. Un ado a ainsi à répondre à des attentes de sa famille. Pour devenir lui, il doit passer à une autre étape qui lui correspond et faire des choix qui vont parfois à l'encontre de ce qu'on attend de lui. Sa trahison nécessaire est une façon de renaitre après.
Nous sommes tous des traitres. Nous sommes inscrits dans des appartenances diverses qui ont parfois des intérêts opposés (ex: appartenir à une famille et à un groupe d'amis) et nous vivons des conflits de loyauté.

Ne confonds pas délation et dénonciation :
Le délateur dénonce quelqu'un pour lui nuire et pour en tirer profit en même temps. Il le fait souvent ''en douce''. Ex : dénoncer pour se faire bien voir de son chef.
Le dénonciateur cherche lui, à protéger une victime et à faire punir les coupables. La loi oblige à dénoncer dans certains cas. Ex : pour un viol, des maltraitances sur enfant...

En Suisse :
Quand ils jugent un acte répréhensible (conduite dangereuse ou comportement irrespectueux) les citoyens peuvent le dénoncer aux policiers qui interviennent aussitôt. Ils considèrent la dénonciation comme un acte civique qui protège autrui. Par exemple faire arrêter un homme ivre avant qu'il ne provoque un accident. Qu'en penses-tu ?

Histoire et trahisons :
Le plus emblématique traitre semble Judas qui trahit Jésus dans la bible.
En politique, les états condamnent pour autre trahison, pour intelligence avec l'ennemi ou atteinte à la sureté de l'état. Les faits sont parfois avérés mais il s'agit parfois d'excuses pour se débarrasser d'un opposant.
- L'Afrique du sud condamna N. Mandela en 1964 à la prison à vie. Libéré en 1990, il prit la tête de l'état.
- En France, en 1894, le capitaine Dreyfus fut dégradé et déporté en Guyane pour haute trahison. Son procès passionna et divisa la France. Des personnalités comme Zola et Clémenceau prirent sa défense, des familles se déchirèrent en prenant parti... Dreyfus fut réhabilité en 1906.

Expressions au choix :
Faire double-jeu
Donner un coup de poignard dans le dos
Être rapporteur, cafteur, balance, girouette, collabo, déserteur, traitre, Judas...
Retourner sa veste
Bavasser (se comporter en délateur au Québéc)
Faire du lèche-bottes

Création de Facebook:
Elle fut l'objet de procès retentissants. Un groupe d'étudiants de Harvard reprochait à un ami de les avoir en quelque sorte "doublés" dans le projet sur lequel ils travaillaient depuis plusieurs mois et qu'ils lui avaient présenté. Leur différent se solda par un accord pécuniaire.

Citations

"Il y a des gens qui vous font bonne mine par devant et qui vous flanquent des coups de pied dans le ventre par derrière." Frédéric Dard (auteur des San Antonio. 1921-2000)
"La confiance est une forme d'inconscience." Éric Fottorino (journaliste français né en 1960)

Gangs et trahison :
Les gangs regroupent autour de leaders des personnes souvent désorientées qui retrouvent une autorité à laquelle ils sont soumis. La violence psychologique et physique exercée sur les adeptes les prive de leur jugement et les entraine à commettre des actes répréhensibles. Ils sont marqués physiquement par des tatouages (par exemple au visage chez les Marus au Salvador). Les leaders ne servent que leurs propres intérêts (trafics en tout genre). Les membres du gang ne s'appartiennent plus et le défaut d'obéissance est vécu comme une trahison. Quitter le gang est puni de mort.
Ne serait-ce pas une forme d'esclavage ? Qu'en penses-tu ?

CHACUN CHEZ SOI

Quoi de plus fatigant que quelqu'un de débordant qui abuse de ton temps, te téléphone dix fois par jour, ne parle que de lui, débarque sans prévenir alors que tu es pressé, ouvre ton frigo, met de la musique sans te demander ton accord ou s'installe comme s'il était chez lui...

Tu as beau l'apprécier dans ton groupe, le trouver sympathique et drôle, là, tu n'en peux plus, il fait preuve de trop d'égocentrisme ! Tu fais semblant de l'écouter mais tu ne rêves que d'une chose : qu'il s'en aille !

Et comment le lui faire comprendre sans le vexer ? Tu as certainement vécu cette situation.
J'imagine que te sentir importun te met mal à l'aise aussi et c'est normal.

Pour t'en préserver, impose-toi de petites règles de conduite. Elles t'éviteront ce piège et tu resteras dans de saines relations avec tes amis.

Mes différentes façon d'envahir :

• en saoulant de paroles mes amis.

• en mettant ma musique à fond.

• en laissant traîner mes affaires partout.

• en étant toujours en retard.

• en allumant la télé quand bon me semble.

• en voulant tout savoir même ce qui ne me concerne pas.

• en rendant visite ou en téléphonant tous les jours.

• en sollicitant des services trop souvent.

• en se sentant très à l'aise chez mes amis.

À toi de continuer cette liste, elle n'est pas exhaustive...

Petites règles pour t'en prémunir :

- Je laisse parler l'autre autant que moi et je l'écoute.
- Je tiens compte de l'heure et de la nuisance sonore pour régler le volume de ma musique.
- Je demande si je peux allumer la télé aux proches qui sont dans la même pièce. Ils sont peut-être concentrés sur autre chose et je ne veux pas les perturber.
- Je suis ponctuel car je suis attendu, le temps des autres vaut le mien.
- Mes proches n'ont pas d'obligation à me rendre service. Je les sollicite le moins possible et je me débrouille seul.
- Je préviens toujours avant de rendre visite et j'en limite la durée.
- Au pire, je passe en demandant si je dérange et j'abrège au maximum ma visite.
- Je sais quand je ne suis pas chez moi et je garde du retrait. Je frappe toujours avant d'entrer.
- Je ne questionne pas, si mon ami le désire, il m'expliquera.
- Ailleurs que dans ma chambre, je ne laisse rien traîner.

Qu'est-ce que la limite ?

C'est jusqu'où va ta liberté sans gêner autrui, sans déborder sur lui. Chacun a ses propres limites. Ce qui est acceptable pour toi peut s'avérer intolérable pour d'autres. Mais toutes sont à respecter sans émettre de jugement.

Toi aussi tu dois poser tes limites, avec tact mais fermement. Réfléchis à ce que tu n'acceptes pas des autres, cela t'aidera à réagir assez vite si tu te trouves envahi, car plus tu en parles tôt, plus c'est facile à gérer. Si tu hésites à dire les choses, pose-toi cette question: ''Qui est le plus impoli des deux, moi ou mon envahisseur ? ''

Des synonymes du mot envahissant :

Abusif, agaçant, gonflant, raseur, lassant, insupportable, importun, indiscret !
Que des petits mots très sympathiques...

Qu'est-ce que l'égocentrisme ?

C'est une façon de tout ramener à soi et de ne prendre comme référence valable que ses propres opinions et jugements. L'égocentrique se préoccupe avant tout de lui-même et croit être la première préoccupation des autres. Les tout-petits perçoivent ainsi le monde de leur point de vue. Les adolescents doivent passer par cette étape qui diminue vers leurs 15 ans.

L'adulte égocentrique ne s'aime pas comme il est mais plutôt comme il paraît aux autres. Il se soucie énormément d'eux car ils lui renvoient son image. Il se voit leur sauveur, leur martyre ou leur tyran.

Petit rappel historique :
Tant que nous étions encore peu nombreux, le problème des nuisances sonores ne se posait pas, ou exceptionnellement. C'est seulement vers les années 1950 que des ordonnances préfectorales ont limité le bruit entre 21h et 7h du matin. En 1971, un bureau des nuisances recueillit 4700 plaintes dans l'année pour du bruit nuisant à la tranquillité des parisiens. Cette même année fut créé un ministère de l'environnement... qui a fait son chemin depuis. Actuellement, pour 54% des français, le bruit est la 1ière cause de nuisance quotidienne (F. Rouvillois, Histoire de la politesse). On peut vraiment estimer que le silence est devenu un luxe !

Ailleurs :
Au Québec, déranger quelqu'un se dit "Achaler, gosser, tomber sur les nerfs". Chacun ses formules.

Autrefois :
En France, "donner le charivari" était une pratique populaire qui, malgré son illégalité, consistait à organiser un tapage injurieux devant une maison dans le but de marquer la désapprobation générale à ses occupants, (souvent pour condamner un remariage). Les gens frappaient des poêles, chaudrons, criaient, huaient et produisaient un tintamarre discordant.

Citations et expressions

''Une fois qu'on a passé les bornes, il n'y a plus de limite.'' Alphonse Allais (humoriste français 1854-1905)
L'expression argotique ''casser les pieds'' correspond à l'association de ''rompre les os'' pour casser au XII ième siècle et ''casser la cervelle'' pour importuner en 1450. Elle se transforme en ''casser les oreilles'' ou ''casser les pieds''. Plus récemment elle s'est déclinée en ''casser le cul'' ou ''casser les couilles''.

LE TIEN N'EST PAS LE MIEN

Ton premier bien, et de loin le plus précieux est ton corps et les capacités de ton cerveau : ils t'appartiennent, personne d'autre que toi n'a le droit d'en disposer. Mais réalise que tu n'en auras jamais d'autres, alors prends-en grand soin.

Tu peux faire ce que tu veux de ce qui est pleinement à toi, le bichonner, le négliger, le transformer, le prêter, le donner, le vendre, l'oublier, le détruire, personne ne peut te le contester. Tu en assumes seul les conséquences. Bien sur que si tu jettes ton portable, il y a peu de chance pour que quelqu'un ait pitié de toi et t'en fournisse un nouveau.

Le droit de propriété comporte aussi un devoir : tu dois l'exercer sans causer des nuisances autour de toi. Pas question d'utiliser ta radio à fond en pleine nuit, ni d'abandonner ton scoot dans un jardin public...
Et puis, quand tu te sépares d'un objet, tu réponds par toi-même à des obligations morales auxquelles tu adhères. Par exemple, tu penses que l'objet peut encore être utile à d'autres et tu en fais don à une association, ou tu participes à la protection de l'environnement et choisis de le confier au recyclage.

Mais dès lors que tu n'as plus la pleine propriété d'un objet, considère que tu as la chance d'en avoir l'usage et avec, l'obligation d'en prendre grand soin. L'objet prêté est à rendre dans le même état que quand on te l'a confié et dans les délais convenus. Il en est de même pour le matériel commun, que ce soit un livre de bibliothèque ou un banc public. Tu n'as pas le droit de priver les autres de son bon usage ou d'obliger la collectivité (c'est à dire tout ceux que tu côtoies) à racheter l'objet à cause de ta propre négligence ou défaillance.
Quant à ce qui appartient à autrui, tu le respectes car tu n'en as ni la propriété, ni l'usage. Personne n'est habilité à le prendre ou à le dégrader. Cette obligation fait partie de notre contrat de société, sinon chacun se saisirait de ce qui lui plait, le vandaliserait ou se l'approprierait et ce serait la guerre assurée. Tu serais le premier concerné par l'angoisse permanente qui en serait engendrée. Le ''donnant-donnant'' est la meilleure formule que le groupe ait trouvé jusqu'à présent pour assurer la paix et l'harmonie.

Saines limites ou limites morales !

CECI N'EST PAS UN CHIEN

- Avoir un animal domestique n'autorise pas à le traiter comme un objet. Il est vivant, sensible, tu as l'obligation de respecter ses besoins. Au printemps 2014, à Marseille, un jeune mis en ligne une vidéo le montrant en train de jeter violemment un chaton contre un mur. Le tollé de protestations sur la toile fut immédiat et la justice le condamna aussitôt à un an de prison ferme !

- En 1984, sur un plateau télé, Gainsbourg, artiste provocateur, brûla au trois quart un billet de 500 francs, soit environ un quart du salaire mensuel de base, pour montrer la part de ses revenus ponctionnée par le fisc. Il touchait au tabou de l'argent et provoqua un scandale, chacun imaginant ce qu'il aurait fait de ce billet si Gainsbourg le lui avait plutôt donné ! Moralement, la société fait pression pour le respect de l'argent. Il devient donc plus difficile d'en disposer pour le détruire...

- Une autre limite morale concerne notre planète dont les ressources sont limitées. Les écologistes nous demandent d'agir comme si elle nous était prêtée, le temps de notre passage sur terre : de ne pas l'épuiser, ni l'abimer, ni la modifier pour les générations ultérieures.
Que penses-tu de ce raisonnement ?

- Tu disposes de tes organes pour en faire don éventuellement dans un cadre très spécifique mais la loi te protège contre toi-même et ne t'autorise pas à les vendre et à engager ainsi ton avenir.

Sais-tu ce qu'est le tréfonds?
C'est la partie sous-sol d'un terrain. Un propriétaire dispose du sol avec éventuellement sa maison dessus, mais aussi du tréfonds jusqu'à la limite de sa propriété, aussi profond qu'il peut aller. Si une grotte est dessous, c'est à lui !

Le prêt :
Sais-tu que si tu détériores un objet emprunté, tu as l'obligation de le remplacer par son identique ou sinon par un mieux ? Et en s'excusant bien sur... le plus simple serait d'emprunter modérément pour limiter les risques (quand on n'a pas d'autre solution). Prêter est un acte de partage et d'amitié... à préserver.
Et surtout, ne te vexe pas si un ami te refuse un prêt. Il en a le droit. Réfléchis à ses raisons véritables, le concernent-elles ou te concernent-elles ? Est-ce justifié ?
L'enfant n'a pas la notion du temps avant 5 ans. Quand il prête quelque chose, il croit le perdre à jamais. Il ne faut pas le forcer ou l'accuser d'égoïsme. Son refus de prêter est normal.

L'artothèque, moins connue que la bibliothèque, fonctionne de façon identique mais prête des œuvres d'art pour une durée d'environ trois à 6 mois aux particuliers contre un abonnement. Si nous savons préserver cette formule de tous les abus, nous pourrons admirer des œuvres à domicile ! Cette formule est apparue à Berlin, en Allemagne, au début des années 1900, pour répondre à une crise du marché de l'art. Depuis, elle a essaimé en Europe. Elle est arrivée en France dans les années 1970, tout d'abord au Havre puis à Grenoble. Maintenant de nombreuses villes ont ouvert des artothèques.

Les vélib parisiens :

Contre un abonnement, les parisiens peuvent emprunter des vélos municipaux pour se déplacer en ville. Le service a été inauguré en 2007. Dix huit mois plus tard, la totalité du parc avait déjà été renouvelée car 7800 vélos avaient disparu et 11600 étaient dégradés (dégradations et problèmes techniques confondus) !
Quelles solutions imaginerais-tu ?

Qui étaient les vandales ?

Une tristement célèbre horde de germains qui saccagea Rome en l'an 455. Leur nom a été repris pour désigner les auteurs d'actes de destruction ou de dégradation gratuite sur des biens publics ou privés. Le terme vandalisme apparaît dans un rapport en 1794 pour dénoncer la destruction des monuments et châteaux par les révolutionnaires, simplement pour ce qu'ils représentaient, sans considération de leur valeur architecturale et artistique. Plus récemment (2001) en Afghanistan, les talibans ont détruits par fanatisme religieux deux immenses bouddhas de pierre, sculptés dans la falaise et vieux de plus de 1500 ans, trésors du patrimoine mondial de l'humanité... et ceci malgré la mobilisation internationale. On parle de vandalisme religieux, mais aussi politique, pudibond (rhabiller des nus peints par exemple), puéril par des personnes désoeuvrées ou ivres, ignorant (vestiges archéologiques)...
Mais tous ont pour point commun : la bêtise qui ne fait pas la différence entre idées et objet. Parfois s'ajoute la cupidité (ex: En 2003, pillage de musée lors d'émeutes en Irak). Crois-tu que s'en prendre au matériel, mobilier ou bâtiments change quelque chose au problème de leur auteur ? Si tu es tenté par un acte de vandalisme, pose-toi toujours cette question avant et pense à ce dont tu priverais aussi les autres. En plus tu enfreindrais la loi et risquerais une condamnation !

Le fauchage d'OGM, est considéré comme un acte de vandalisme par l'état français mais comme un acte de résistance civile par ses auteurs. Qu'en penses-tu ?
De même, **le street art ou art urbain** a été longtemps associé à du vandalisme. Cette forme d'art militant veut réinvestir la rue, comme une grande toile et toucher le maximum de public. Il désire interpeler et provoquer par ses œuvres et n'est pas toujours légal selon les pays. Il prend la forme de graffitis, d'affiches, de stickers, d'installation de lumière, de peinture au pochoir... Il est très créatif et apporte une valeur artistique incontestable. Il a maintenant réussi à s'imposer particulièrement dans des villes comme Berlin en Allemagne, Sao Paolo au Brésil ou Melbourne en Australie avec des œuvres qui laissent le spectateur bouche bée. Il évolue vers des réalisations de plus en plus monumentales. Connais-tu la production artistique de l'un de ses précurseurs Ernest Pignon Ernest ?

LE VOL :

Un interdit à ne pas franchir, même pour quelque chose qui peut te sembler insignifiant ou qui ne coute rien. Le simple vol d'une dissertation est puni par la loi. Bien sur, ton acte entrainerait ta responsabilité mais si tu es mineur et non solvable, tu engagerais aussi tes parents pour dédommager le tort matériel ou moral occasionné à ta victime.
Si avec ta bande d'amis quelqu'un lance la fausse bonne idée de voler ou dégrader, aide-le à réfléchir : ''À quoi ça sert ?''
Et toi, demande-toi ''Est-ce que je le ferais si j'étais seul ?'' Si tu te réponds non, ne participe pas. Quitte aussitôt tes amis car en restant tu deviens un complice.
Il faut aussi avoir conscience qu'utiliser une arme en plastique pour un acte répréhensible est puni comme si l'arme était vraie. On ne plaisante pas avec ça !

L'honnêteté d'un chauffeur de taxi :
En 2012, un chauffeur de taxi thaïlandais a restitué un sac contenant 700 000 € oublié par ses clients dans son véhicule. Il a répondu aux journalistes: «Peu importe l'argent ! Cela ne m'appartient pas !» Comment comprends-tu cette réponse ? Comment fais-tu pour rendre quelque chose que tu as trouvé ?

Posséder des esclaves :
L'esclavage existait déjà dans l'antiquité. Le maitre avait droit de vie et de mort sur son esclave qui l'accompagnait parfois dans la mort, sacrifié et enterré auprès de lui, sans doute pour le servir dans l'au-delà !

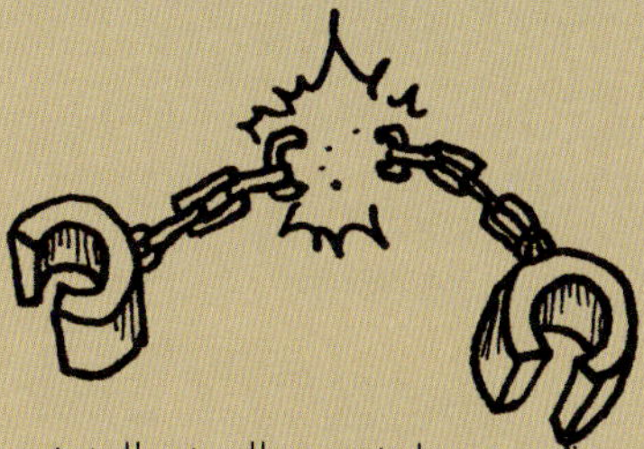

Il a fallu des millénaires pour le remettre en cause intellectuellement. Leur main d'oeuvre présentait trop d'avantages pour que les propriétaires d'esclaves acceptent l'idée de se passer d'eux. C'est l'État danois qui, en 1792, abolit le premier l'esclavage, la France le fit en 1848 et la Mauritanie, la dernière en... 1980 !
Mais on parle maintenant des nouvelles formes d'esclavage avec le travail forcé d'enfants, ou le tourisme sexuel (celui des pédophiles par ex.), la prostitution forcée de femmes, les enfants soldats sous emprise psychologique, l'exploitation de migrants sur des chantiers...

Qui étaient les "femmes de réconfort" ?
Pendant la seconde guerre mondiale, 200 000 femmes, souvent mineures, ont été enrôlées de force dans toute l'Asie par le Japon pour satisfaire les besoins sexuels de ses militaires. Nombre d'entres elles sont mortes. Le Japon tente de minimiser les faits et tarde à s'excuser malgré la pression internationale.

Expression et proverbes :
"Mettre à sac" : Au XVI ième siècle, le mot allemand "sakman" désignait le brigand qui emportait tout ce qu'il pouvait dans un sac, d'où l'origine de cette expression qui signifie dévaster complètement.
"Bien mal acquis ne profite jamais." voici un proverbe pour signifier que le vol est un calcul erroné...
"Prêter, c'est acheter une querelle". Proverbe indien.

COMMUNIQUER

PERMETTEZ-MOI DE VOUS AIDER

Avec le sourire, retenir la porte pour le suivant, aider une dame à porter un sac de courses visiblement très lourd, proposer à un vieux monsieur de traverser la rue avec lui, céder sa place dans un bus, mettre le couvert chez ton ami(e), voilà autant de preuves que tu es sorti de ta bulle et que tu es sensible à ceux qui t'entourent. Chaque "coup de main" spontané et désintéressé inspire sympathie et respect à ton endroit. Par ta bienveillance, tu gagnes l'estime des autres mais tu y puises aussi la tienne dans le regard et les remerciements prodigués.
La présence de quelqu'un, connu ou inconnu, modifie involontairement le regard que tu portes autour de toi. Tu ne peux pas l'ignorer et te conduire comme si tu étais seul. Si tu acceptes d'écouter ce que tu ressens, tu comprendras certaines émotions qu'il dégage. Car d'une part, on communique sans parole et d'autre part, dans ton imagination, tu parviens à te mettre à la place de quelqu'un. Cela s'appelle l'empathie. Par exemple,l'angoisse de quelqu'un peut devenir "palpable". À toi de décider si tu souhaites ou pas lui offrir un moment de présence sereine. Par le simple fait que tu te rendes disponible pour regarder ce qui t'entoure, tu deviens réceptif aux autres. Tu rentres alors en relation plus facilement et avec plus "d'atomes crochus". Tu seras plus épanoui. Que du bonheur !

La bienveillance :
Il s'agit d'une tendance qui nous pousse à désirer le bonheur des autres. On pose un regard positif sur eux. Ce qui leur arrive nous touche et nous affecte. Nous agissons pour subvenir à leur bien être ou à leurs besoins.
La bienveillance amplifie l'aspect humain d'un enseignement et se révèle un important levier de réussite. L'enseignant sert de modèle. Il se montre attentif, détecte et répond aux besoins de ses élèves, prend en compte leurs sentiments, met en place les conditions d'un vrai dialogue. Ainsi, il leur transmet une façon d'être plutôt qu'un contenu. Cela améliore les résultats scolaires mais aussi la motivation et le développement social des enfants. À l'école de Kidlington en Angleterre, l'enseignement des valeurs humanistes a obtenu des résultats si probants que des éducateurs du monde entier viennent la visiter comme modèle.

Le pouvoir du sourire expérimenté :
On sait tous que le sourire éclaire notre visage et qu'il est communicatif. Trois expériences complètent ce tableau.
- Un texte contenant beaucoup de i qui tirent les lèvres comme le sourire est à 81% jugé plus plaisant que celui qui contient de nombreux u grimacés comme la moue. (université du Michigan 1989). Le simple mouvement involontaire des muscles des joues renforcerait les sentiments positifs !
- Avec un crayon tenu par les molaires, représentant un sourire, ou pincé entre les lèvres, figurant le non-sourire, les participants jugent de la drôlerie de films. Les "souriants" ont donné de meilleures notes, leur rythme cardiaque accéléré indique qu'ils ont eu plus d'émotions aussi (R. Soussignan à Paris, 2002). Rien que la contraction du sourire aurait donc un effet euphorisant.
-Partant du constat que la contraction provoque l'émotion, des spécialistes du cerveau ont cherché à savoir si en la détournant, on modifiait notre ressenti. Lorsque la zone de leur cerveau qui reçoit les informations du visage est désactivée, 33% des participants ne sont plus en mesure de reconnaître les humeurs de personnes photographiées (université de Londres 2008). Il faut donc ressentir ses propres expressions, pour comprendre celles d'autrui.
En conclusion, n'hésitons pas à user et abuser du sourire. Il fait merveille sur nous et notre entourage !

LA COOPÉRATION :

La bienveillance rend capable d'adhérer à un projet et d'y travailler ensemble. En effet, l'indulgence et la compréhension d'autrui permettent de réaliser par exemple un exposé commun, ou de mutualiser ses moyens pour une entreprise (les coopératives), ou de lancer des actions humanitaires suite à un cataclysme (ex: en Haïti) ou encore de faire avancer la recherche (se reporter à la page 146 "Quand la recherche se fait aider"). Ce qui serait tout à fait impossible seul, devient réalisable en regroupant ses moyens et en unissant ses efforts. La coopération rend plus fort et fait progresser plus vite.

L'empathie :

C'est la capacité d'une personne à s'identifier à quelqu'un et à ressentir ses émotions, en particulier sa souffrance, un peu comme si on était à sa place dans sa tête, sans aucun jugement. Il ne faut pas la confondre avec la sympathie, réaction à l'ensemble de ce qu'est l'autre.

Elle commence au berceau lorsque un bébé qui en entend d'autres pleurer se met à pleurer également.

Elle conduit à aider les autres et elle renforce l'estime de soi, ce qui améliore les résultats scolaires et même la santé en étant moins dépressif !

Elle permet aux professionnels de la santé de mieux comprendre un patient, de mieux lui expliquer sa maladie. Elle favorise la communication pour ceux qui travaillent auprès des personnes âgées, des handicapés, des enfants.

Elle permet également de sortir de la froideur du raisonnement et enrichit nos émotions.

Pour créer leurs romans, les écrivains utilisent cette puissance émotionnelle.

Les animaux aussi sont capables d'empathie, et parfois malgré l'instinct et la chaine alimentaire. On a vu un hippopotame soulager une gazelle blessée, un chat secourir un rongeur, des macaques se mobiliser autour d'un des leurs handicapé.

Citations

''La bienveillance commence en oubliant les défauts des autres et en s'attardant sur leurs qualités.'' (auteur inconnu)

''La gentillesse est un langage qu'un sourd peut entendre et qu'un aveugle peut voir.'' Mark Twain (écrivain américain 1835-1910)

''Le sourire coûte moins cher de l'électricité mais il donne autant de lumière.'' l'abbé Pierre (fondateur d'Emaus 1912-2007)

''On n'est intelligent qu'à plusieurs.'' Albert Einstein (physicien théoricien 1879-1955)

Connais-tu les jeux de coopération ?

Dans un jeu traditionnel, tu t'opposes à ton/tes partenaire/s pour gagner la partie. Il existe maintenant des jeux où tous les participants doivent coopérer pour vaincre. On gagne ou on perd tous. Ils permettent d'éduquer aux valeurs d'entraide et font baisser le degré d'agressivité dans un groupe. Au Japon, une expérience menée avec des jeux vidéo soit en opposition, soit participatifs, a montré qu'à la suite ceux qui avaient joué de façon coopérative faisaient preuve de plus de gentillesse à l'égard des autres. (Bushman et Anderson 2009) La gentillesse augmente en la pratiquant.

Entraide et microcrédit :

Avec la participation de chacun, une communauté réunit de l'argent et le prête à l'un/e des leurs pour un projet, avec engagement à rembourser. Ce système d'entraide permet à de nombreuses femmes de subvenir ensuite à leurs besoins et parfois de sortir de la misère. Il est très utilisé en Afrique, en Inde mais aussi dans des communautés asiatiques où il porte le nom de tontine. Il se substitue à l'anonymat des banques et n'a pas un but capitaliste. Le succès de ce système remet en cause les modèles occidentaux.

Récits :

L'entraide est si primordiale que notre patrimoine fourmille de fables et récits sur ce thème.

''Les deux amis'' de La Fontaine, ''les lutins cordonniers'' des frères Grim, ''Tico et les ailes d'or'' de Léo Lionni. Et toi, quels titres de contes, histoires ou chansons ajouterais-tu à cette liste ?

COMMUNIQUER

FAIRE DE MON MIEUX ET EN ÊTRE HEUREUX

Lorsque tu entreprends une tâche, tu as toujours deux possibilités devant toi :

- soit te dire que cela ne t'intéresse pas particulièrement, c'est à faire, donc tu t'en libères le plus vite possible quitte à ce que ce ne soit pas parfait. Tu penses à autre chose, ce moment incontournable passera plus vite.

- Soit te dire qu'autant vivre chaque minute de ce temps obligé le mieux possible en lui donnant de l'intensité. Tu en retireras toujours quelque chose de positif. Alors tu t'intéresses à ce que tu es en train de réaliser et tu le fais le mieux possible.

- Ces deux raisonnements changent radicalement ta manière d'aborder la notion de temps, du temps fuite ou du temps assumé, du temps vide ou plein, l'absence ou la présence, l'indifférence ou l'intérêt. Mais si tu considères le choix de départ avec attention, que risques-tu à bien faire ta tâche?

• À ressentir du plaisir en faisant et finir avec la satisfaction du travail bien accompli, à comprendre et à apprendre, à échanger avec tes voisins car tu seras plus ouvert, à améliorer l'estime de toi, à ne plus craindre l'effort...

• Au contraire, à fuir l'instant, il est certain que tu vas trouver de la morosité dans l'instant, de l'insatisfaction, de la dévalorisation de toi, le temps long comme un jour sans pain et moins d'envie à empoigner les difficultés. Bref, tu choisis de te pourrir la vie. Tu t'infliges toi-même une punition !
Essaie les deux versions et tu verras vite comment la différence d'humeur se répercute sur ta qualité de vie !
Et si tu allais vers ce qui te grandit ?

Le mieux est l'ennemi du bien :
Il faut établir la nuance entre :
- un travail bâclé qui "n'est ni fait ni à faire" selon la formule consacrée,
- un travail soigné c'est à dire satisfaisant et efficace,
- et un travail parfait réalisé avec une telle minutie qu'on doit y consacrer dix fois plus de temps !
Vise avant tout l'efficacité et garde la perfection comme hobby.

Le compagnonnage :
Il s'agit pour les différents corps de métiers artisanaux, charpentier, zingueur, pâtissier, menuisier, etc. de transmettre le savoir-faire aux plus jeunes, dans le respect des qualités humaines d'honnêteté, de sincérité et d'engagement humain. Dans leur formation, les novices peuvent faire un tour de France et même d'Europe en 5 ou 6 ans durant lequel ils sont accueillis chez des maitres et abordent toutes les facettes de leur métier. Ce sont des gens passionnés qui poussent leurs réalisations à la perfection et à l'art. Les concours qu'ils organisent montrent des maquettes extraordinaires de finesse, de prouesse technique et de patience.

Les deux formes de paresse :
La moins sympathique exprime le refus de gérer le temps et donc de se projeter pour préparer le lendemain. Le paresseux compte toujours sur les autres pour diminuer sa peine. Ils ne coopère pas mais se fait prendre en charge.
Il vit des temps vides, dans une sorte d'apesanteur et gâche ses talents. Il bâcle son travail pour s'en libérer plus vite et n'apporte ni joie ni enthousiasme à ce qu'il entreprend. Il n'est jamais heureux et a tendance à se plaindre.
L'autre forme de paresse concerne plutôt la recherche de l'oisiveté.
- Faire...rien, le célèbre farniente italien, aide le cerveau à ''décompresser'' et facilite l'émergence des bonnes idées pour les créatifs et les scientifiques. Ainsi Newton, Descartes et Archimède auraient eu leurs ''déclics'' pendant des moments de repos.
- L'oisiveté permet aussi de prendre le temps d'apprécier les petits bonheurs de la vie : une grasse matinée, une sieste, des loisirs, la beauté de la nature... Elle offre un espace de liberté et améliore la qualité de vie. Ses adeptes en font l'éloge en opposition à notre mode de vie actuel : course permanente, stress. Elle est une façon de se réapproprier le temps.

Bestiaire :
L'écrevisse représente la paresse parce qu'elle ne va pas droit au but mais d'un côté, puis de l'autre comme le vagabondage de l'esprit.

NE PAS CONFONDRE PARESSE ET DÉPRESSION :
La maladie de la neurasthénie fait souffrir de léthargie, de lassitude de cœur et accable. Le malade fait de constants efforts pour se tenir. Il finit par s'épuiser. Il se plaint, et en fait rapidement un mode de relation aux autres. La médecine aide à traverser ces passages douloureux qui surviennent parfois après un drame personnel (décès, rupture...).

En poésies et chansons :
Connais-tu les deux superbes poésies de Jacques Prévert intitulées ''le cancre'' et ''page d'écriture'' ? Elles parlent de rêverie.
Henri Salvador en 1965, fit un tube avec sa chanson ''Le travail c'est la santé... rien faire c'est la conserver.''
La paresse a aussi inspiré une chanson à Charles Azenavour en 2005: ''Et bailler et dormir''.
En as-tu déjà entendu les paroles ?

Vocabulaire tranché :
Au Québec, paresser, s'affaler se dit s'évacher. L'image est rude...
Essaie de classer ces mots selon leur registre familier ou plus soutenu : est-ce équilibré ? À ton avis, pourquoi ?
Fainéant, gouapeur, branleur, nonchalant, cossard, tire-au-flan, flemmard, inactif, planqué, clampin, lézard, glandeur, ramier, indolent, molasse, languissant, lambin, oisif, mou.

Mythologie :
Trois sœurs, appelées les Parques, sont fileuses. Elles gèrent le temps. Nona fabrique les fils et préside à la destinée des humains, Decima déroule le fil du temps et Morta coupe le fil de chaque homme quand il l'a parcouru. Elles se montrent si implacables que même les dieux ne peuvent infléchir leur détermination.

Citations et proverbes

"Je ne peux rester sans rien faire, je vais faire la sieste." Yvan Andouard (homme de lettres français 1914-2004)
"Le mouton paresseux trouve sa laine trop lourde". Proverbe anglais
"Rien n'est plus fatigant que la paresse." Antoine de Rivarol (écrivain français 1753-1801)
- "La paresse, cette habitude de se reposer avant la fatigue." Jules Renard (écrivain français 1864-1910)

Les rois fainéants :
Ils furent surnommés ainsi parce qu'ils n'eurent pas grande autorité et se firent confisquer le pouvoir par la noblesse. Cette période d'instabilité commença de 673 avec Thierry III et se termina en 751 avec Childéric III. Ils semblaient ne pas mesurer leurs devoirs vis-à-vis de leur peuple et ne faisaient rien pour lui. Les mérovingiens n'auraient eu de roi que le nom.

La génétique aiderait...
En 2014, des chercheurs de l'université du Missouri, ont observé des rats en cage et ont séparé le groupe en deux : les plus actifs sur la roue et les autres. Ils les ont laissé se reproduire sur 10 générations en répétant un tri identique à chacune. Les actifs couraient dix fois plus vite à la dixième génération ! Et la partie de leur cerveau importante dans le système de récompense était plus développée. En conclusion, la génétique favoriserait la tendance à la paresse et lutter contre développerait davantage le cerveau... ...chez les rats ! Pour l'humain, cela reste à prouver ! (le figaro.fr)

LA SATISFACTION D'ALLER AU BOUT

Commencer une activité quelconque, importante ou non, c'est comme t'engager sur un chemin, avec un départ et un but atteignable. Tu pars avec plus ou moins d'enthousiasme, plus ou moins de bagages. Tu sais que sur la distance, tu vas certainement avoir des surprises, rencontres ou autres, des difficultés, fatigue ou mauvais temps, mais tu ne perds pas ta destination de l'esprit et bon an, mal an, tu parviens au but, satisfait de ton parcours accompli, heureux de tes nouvelles possibilités.

Si d'aventure tu te lasses, c'est que tu as perdu de vue ton but. Pose-toi un instant et visualise-le de nouveau, tu vas retrouver l'espoir et le courage de continuer.

Si un orage te fait douter de ta réussite et te pousse à abandonner, alors tu te retrouves sans but, avec un départ qui n'a plus de sens, du temps passé inutilement, tu es perdu au milieu du parcours, insatisfait de toi.

Tu déportes la cause sur les éléments qui semblent se déchaîner contre toi ou la malchance. Tu te fais victime, c'est plus facile à assumer mais tu te mens à toi-même. La prochaine fois, devenu méfiant suite à ce voyage raté, tu hésiteras même à partir...

Alors quand tu t'engages dans un projet, mesure bien s'il est réaliste, détermine-en les étapes successives pour te donner des points de repère dans ton avancement et fonce ! Ne t'arrête pas en chemin, il ne te resterait que de l'amertume et le sentiment que tu n'es pas capable. Dis-toi qu'un chemin de mille km commence toujours par un pas (Tao te king). En cas de difficulté, patiente, persévère car tu sais que ça va passer. En cas d'obstacle reconsidère le chemin à prendre, faut-il faire un détour ? Mais continue.

Continue pour ne pas te perdre, continue pour que l'espoir te porte plutôt que les regrets ne t'écrasent...

À partir du moment où tu as fait le premier pas, dis-toi que tu ne feras jamais demi-tour.

La persévérance :
C'est la capacité à continuer sans tenir compte des doutes ou de la tentation d'abandonner que l'on puisse ressentir. Elle trouve sa source dans l'intime conviction que tout se fait dans le temps, qu'une difficulté se dépasse et que si c'est possible pour les autres, ça l'est pour nous aussi. Ce point posé, l'objectif ne dépend que de nous, de notre endurance, de notre détermination quitte à multiplier les tentatives. Chacune nous apporte l'expérience pour mieux faire la suivante et rebondir. ''La lanterne de l'expérience n'éclaire que celui qui la porte.'' selon le sage Confucius. La réussite n'est jamais fulgurante, nous nous y préparons progressivement. Aucune étape ne peut se brûler par un tour de magie !

L'assiduité :
Elle est la preuve de ta ténacité. Tu es le grand bénéficiaire de ton projet. Même si dans ton entourage tu as des inconstants, ne les laisse pas t'influencer et te détourner de ton but. Chacun travaille à choisir sa propre vie. Ton courage t'apportera des satisfactions qui vont elles-même t'aider à persévérer. Tu vas en quelque sorte auto-alimenter ta réussite.

Une façon de voir :
Devant une même difficulté, certains disent :
1 - Une solution finit toujours par arriver.
2 - Je vais faire pour que cela aille mieux.
3 - Je ne veux pas prendre de risque quitte à me tromper.
4 - C'est fichu, il n'y a rien à faire.
Les optimistes (points de vue 1 et 2) persistent plus longtemps et gèrent mieux le stress. Ils se voient responsables de leur vie et retentent leur chance... au contraire des pessimistes (3 et 4) qui fixent leur attention sur le risque plutôt que l'objectif. 1 et 4 sont des réponses passives, 2 et 3 actives. Le degré de risque du contexte peut justifier chaque point de vue.

NE CONFONDS PAS :

• Persévérance et obstination, si ton objectif n'est pas réalisable, poursuivre une chimère devient de l'obstination. Il faut rester dans le domaine du possible (et ne pas ''bâtir des châteaux en Espagne'') !

• Persévérance et harcèlement, si ton envie engage aussi une autre personne, tu dois accepter son éventuel refus.

Une société du zapping :

La multiplication des moyens de communication nous pousse au ''toujours plus vite'' et au ''tout, tout de suite''. Pourtant, nous avons besoin de temps pour la patience, pour la persévérance, pour nous construire équilibrés. Ce temps-là n'est pas ''contractile''.

Il nous faut considérer deux catégories de temps : celui de la technique et celui de la maturité humaine. Comme si on passait brutalement de la plage brûlante au froid vif de la haute-montagne, nous devons passer de l'un à l'autre par une gymnastique de l'esprit.

Déclarer forfait :

Abandonner pour une impossibilité majeure désespère les sportifs qui s'entraînent depuis des mois, voire des années et touchent presque au but. Ainsi, en février 2014 en Ukraine, Renaud Lavillenie battit avec 6,16m le record du monde de saut à la perche, vieux de 21 ans. Mais une mauvaise chute lors d'un saut suivant le blessa au pied et l'obligea à déclarer forfait pour les championnats du monde d'athlétisme qui avaient lieu le mois suivant en Pologne. Une immense déception... Ce qui ne l'a pas empêcher de persévérer.

Connais-tu le bovarisme ?

Quand on rêve de changement mais qu'on ne parvient jamais à seulement s'y engager... voilà une difficulté supérieure.

Citations et dictons

''Oublie toutes les choses pour lesquelles cela ne fonctionnera pas et crois en la seule raison pour laquelle cela fonctionnera.'' Proverbe

''Si tu abandonnes une fois, cela peut devenir une habitude. N'abandonne jamais.'' Mickaël Jordan (basketteur américain né en 1963)

''Lorsque les gens sous-estiment tes rêves, prédisent tes pertes ou te critiquent, rappelle-toi qu'ils te racontent leur histoire. Pas la tienne.'' Auteur inconnu

Que penses-tu de ce dicton : ''Il vaut mieux respirer que soupirer, on gagne de énergie au lieu d'en perdre'' ?

Étude :

Une étude de Angela Lee Duckworth (université de Pensylvanie 2014) a recherché le trait de caractère le plus commun aux personnes qui réussissent le mieux, enfants et adultes. Ce ne serait pas l'intelligence mais la persévérance et la passion qui permettraient d'atteindre des objectifs à long terme.

Histoire de persévérance :

-Thomas Edison (1847-1931) réussit après de plus de 1200 tentatives à maintenir un filament incandescent dans une ampoule sous vide. Outre l'ampoule électrique, on lui doit la première centrale électrique, la caméra de cinéma, l'enregistrement du son... Il a déposé plus de mille brevets au cours de sa vie !

- J.K. Rowling vit son premier manuscrit d'Harry Potter refusé par 10 éditeurs successifs. Le 13 ième fut le bon.

- Avant de devenir président des États Unis, Abraham Lincoln (1809-1865) fit deux fois faillite, dut affronter le décès de sa fiancée, fit une dépression nerveuse, perdit une fois les élections législatives, une fois les locales, trois fois les élections pour le congrès et deux fois les sénatoriales. Son parcours miné mais avec aussi de belles réussites le porta à la présidence où il s'illustra par l'abolition de l'esclavage et l'arrêt de la guerre de sécession.

Expressions :

"Baisser les bras" illustre bien le découragement.

"Jeter le manche après la cognée" illustre plus la déception après un impondérable.

On jette aussi le gant ou l'éponge quand on déclare forfait. En Allemagne, on jette le fusil dans le pré et en Espagne on jette la serviette (expresso.fr).

Mais retenons de préférence les expressions plus porteuses de persévérance et d'espoir : "Petit à petit l'oiseau fait son nid." et "Paris ne s'est pas fait en un jour."

PROMESSE ENGAGE

Promis ! Un petit mot prononcé parfois trop rapidement et qui engage avec légèreté... au risque de créer une attente déçue auprès de ton ami(e). Il te faut "tourner 7 fois ta langue dans la bouche" avant de le dire ! Si tu donnes ta parole, tu affiches ta fiabilité, ta maitrise de ta vie malgré les aléas qui ne manqueront pas de te contrarier. Tu dis ainsi à ton ami (e) "Tu peux compter sur moi". Alors réfléchis bien avant de te prononcer et demande-toi :

«En aurai-je le temps ? En aurai-je la capacité ?» Ne promets pas la lune. «En garderai-je la volonté ?» Tu connais tes limites. Si intérieurement tu réponds non à l'une de ces questions, ne t'engage pas, tu vas décevoir, perdre tout crédit, et susciter de la rancune à ton égard. Il faut accepter de dire non. Personne ne t'en tiendra rigueur.

Si tu es hésitant, réserve-toi un délai avant de t'engager et donne ta réponse dans les temps. "Je vais réfléchir, je te redirai demain", par exemple. Dans ce cas, si ensuite tu donnes ton accord, ta parole sera perçue plus déterminée. Tu en seras plus estimé.

Si tu es sur de toi, pense à respecter le délai que tu as accepté ou donné. Passé celui-ci, ta promesse peut être dénaturée. Organise-toi en conséquence.

La réalisation différée de ta promesse fera de toi quelqu'un de parole, c'est à dire sécurisant pour son entourage et droit, qui a le sens du devoir, "solide comme un roc".

Tu t'en trouveras grandi vis-à-vis des autres et dans ton estime personnelle.

Que représente une promesse ?

- L'homme est un oublieux, c'est une façon de ne pas être envahi par le passé et d'aller de l'avant. La promesse sert à imposer un rappel à la mémoire. C'est une dette envers quelqu'un.
- Elle représente plus qu'un engagement, on l'associe déjà à l'acte.
- Elle est tournée vers le futur : elle le stabilise en le garantissant.
- Celui qui promet se valorise en affirmant ainsi qu'il ne changera pas. Il affiche de la constance et de la persévérance, sachant pertinemment que des évènements vont s'intercaler entre la promesse et sa réalisation. Il manifeste la puissance de sa volonté et de la constance dans sa relation, d'amour ou d'amitié.
- Celui qui reçoit la promesse la valide en croyant la parole donnée. En manifestant une confiance inébranlable en l'autre, il confirme que celui-ci est quelqu'un de bien.
- La promesse est un jeu à deux où chacun s'oblige. Je la tiens parce qu'on attend que je la tienne. Rompre devient alors difficile car c'est se dévaloriser, refuser d'assumer son identité, décevoir l'autre à la hauteur de ce qu'on n'est pas.

Le poids de la confiance en la parole :

- La société est basée sur les pactes, les accords, les serments, les contrats. Nous nous engageons moralement à tenir parole. Si nous venions à douter, toute la société se déliterait.
- Le pouvoir de la fiabilité : Un des principaux besoins primaires de l'humain est d'appartenir au groupe pour assurer sa sécurité. Chaque preuve de fiabilité le rassure car il se sent protégé. Ce souci évacué, il peut se laisser aller à être lui-même et à déployer ses capacités.

Quelqu'un de fiable gagne la confiance des autres. On lui témoigne de l'estime. Il a une influence positive sur autrui.

Comment te désengager ?

- Préviens dès que possible l'autre partie pour lui laisser le temps de s'organiser et compenser.
- Justifie ton désengagement avec des arguments sérieux. Il ne s'agit pas d'un manque d'envie !
- Bien sur, présente tes excuses car tu lui causes un tort.
- Propose-lui éventuellement un arrangement ou renégocie l'engagement à la baisse.
- Le tact et la sincérité t'aideront à te faire pardonner. ''Excuse-moi, je n'ai pas bien mesuré mon engagement...''

L'inacceptable :

Renier sa promesse par un ''je ne t'avais rien promis'' correspond à une déclaration de guerre, ou comment transformer un ami en un ennemi juré dans la seconde. Dénier, c'est traiter l'autre de menteur. Tu fais preuve d'irrespect à son égard et tu dégrades aussi ton image. Il y a façon plus adroite !

Chez les enfants :

La promesse n'a aucune réalité. Il ne comprennent pas qu'ils s'engagent. C'est un peu comme s'il suffisait de promettre dans l'instant pour faire plaisir, ils ne pensent pas à l'acte qui en découle. Ils n'ont pas encore la notion de durée. On ne peut donc pas les accuser de mensonge quand ils ne tiennent pas une promesse. Leur entourage va les sensibiliser progressivement au poids de la parole, ce qui leur permettra d'être des adolescents fiables.

As-tu des souvenirs de cour de récré où tu t'engageais auprès de tes copains en levant la main, et disant ''Promis, juré, craché!'' et il fallait accompagner la promesse d'un crachat parterre, pour faire vrai de vrai... ?

Expressions :

- Promesse de gascon ou promesse d'ivrogne : promesse exagérée ou dite dans l'euphorie de l'instant et qui ne sera pas tenue.
- "Payer en monnaie de singe" : payer en belles promesses.
- "Demain on rase gratis" : un barbier laissait cet écriteau en permanence sur la porte de son échoppe et attirait ainsi les naïfs. Promesse pour les niais.

Les promesses officielles :

- Les fiançailles sont une promesse de mariage non reconnue juridiquement, mais qui laissent à chacun sa liberté de décision jusqu'au mariage. Elles se contractent environ un an avant. En cas de rupture, la restitution des cadeaux et bagues est obligatoire.
- La promesse d'embauche scelle un contrat d'embauche après un recrutement. Elle engage les deux parties et sera suivie d'un contrat de travail à la prise de fonction de l'employé.
- La promesse de vente s'appelle aussi un compromis de vente. Acheteur et vendeur la signent devant notaire lorsqu'ils se sont mis d'accord. Elle permet à l'acheteur de s'organiser, notamment auprès de sa banque, pour être prêt au moment de la signature de vente définitive qui a lieu en général deux mois plus tard. Le bien lui est réservé.

Citations

"La parole a des jambes, seul le don a des mains." Proverbe allemand
"Les promesses n'engagent que ceux qui y croient." J. Chirac, président
"Mieux vaut mille refus qu'une promesse non tenue." Proverbe chinois
"Le meilleur moyen de tenir parole est de ne jamais la donner." Napoléon Bonaparte (empereur français 1769-1821)
"Je n'ai qu'une parole mais je n'ai pas de mémoire." Marcel Achard (écrivain français 1899-1974)

La morale de l'Histoire ?

En 1333, l'empereur japonais Go-Daigo avait promis le titre de Shogun à Ashikaga pour son aide à remonter sur le trône. Mais il renia son engagement et signa sa perte : la bataille de Minatogawa opposa les deux hommes et obligea l'empereur à fuir la capitale en 1336.

Dans la mythologie, de nombreuses promesses non tenues ont eu de lourdes conséquences. Ainsi, celle d' Orphée à Hades ou de Thésée à Ariane. Même pour les dieux ou demi-dieux grecs, avoir le sens de l'engagement nécessite constance et sérieux !

Quelle différence entre ces mots ?

- **Participation :** le fait de prendre simplement part à quelque chose.

Promesse : l'assurance donnée à quelqu'un qu'on fera quelque chose.

- **Engagement :** on annonce comme certain le fait d' accomplir quelque chose. C'est un contrat avec quelqu'un, on se sent lié(e) par notre parole.
- **Serment :** promesse prise en public, de manière solennelle, en prenant un témoin : Le groupe, le drapeau, Dieu... Par exemple, le témoin jure de parler sans haine et sans crainte, de dire toute la vérité et rien que le vérité.
- **Résolution :** une décision personnelle que l'on prend après réflexion. Elle n'engage que soi. Exemple : ''J'arrête de fumer à partir de demain''.

Le serment d'Hippocrate :

C'est une sorte de code d'honneur. Les médecins font le serment de le respecter durant leur activité. Ils s'engagent solennellement à être intègres, respectueux des malades, à tenir le secret professionnel.

L'un des plus célèbres médecins de l'antiquité, Hippocrate, a établi ce serment pour différencier les médecins des charlatans.

D'autres professions prêtent serment avant d'exercer, par exemple l'avocat promet d'exercer sa fonction avec dignité.

SE DÉPLACER

Être en mouvement, passer d'un lieu à un autre dans la bonne humeur, c'est possible !
Si nous appliquons tous ces quelques mêmes règles de bon sens, nous évoluerons dans le respect et la tranquillité de tous.
Ne nous en privons surtout pas.

SE DÉPLACER

L'INTELLIGENCE REND ADAPTABLE

Respecter un lieu, c'est reconnaître qu'il ne nous appartient pas et s'interdire d'y marquer notre empreinte. Lorsque tu te déplaces, que ce soit dans ta rue ou en voyage, tu traverses ou tu t'invites dans des lieux chargés d'une histoire ou d'une fonction particulières. Pour ressentir leur réalité, tu dois ouvrir ton esprit à ce qui est devant toi, l'écouter en quelque sorte, sinon tu seras comme un chien dans un jeu de quilles : importun et inadapté.
Alors, oublie qui tu es, d'où tu viens, quitte ton appréhension. Utilise tous tes sens pour ressentir, comprendre et respecter ce lieu en t'adaptant.
En contrepartie, tu seras plus vite intégré, tes échanges gagneront en qualité.
Par contre, si tu es très mal à l'aise et qu'il te semble impossible d'adhérer ou de t'adapter, il vaut mieux t'éloigner.

Respecter le silence :

■ l'atmosphère feutrée d'un lieu de culte est inspirée par le recueillement, l'introspection et le respect du Dieu. On ne gène pas l'échange du fidèle avec sa puissance divine.

■ Les lieux de soins demandent également le respect du silence à l'intérieur des établissements et même à l'extérieur pour les automobilistes qui n'ont pas le droit de klaxonner. Il s'agit bien sur de préserver la tranquillité des malades qui peuvent sommeiller en journée.

■ Dans une salle d'attente, chuchoter plutôt que de parler à voix haute. C'est un lieu confiné. Les patients ou clients ne se connaissent pas. Chacun est centré sur sa problématique qu'il cherche à solutionner. On ne perturbe pas ses pensées ni on ne rajoute à sa fatigue s'il s'agit d'un malade.

Respecter la concentration :

Dans un lieu où chacun soutient son attention, la première chose à laquelle penser est d'éteindre son portable.

■ Chuchoter et se déplacer sans bruit en bibliothèque marque le respect des autres lecteurs.

■ Au cinéma, applique ces petites règles pour ne pas crisper les autres :
Accepter de se décaler pour regrouper des places disponibles.
Se lever pour faciliter l'accès aux sièges voisins.
S'excuser pour la gène occasionnée en passant devant quelqu'un.
Demander si la place est disponible avant de s'asseoir.
Se taire dès que la lumière est éteinte.
Éviter les bruissements de papier en mangeant.
Les autres spectateurs se passent volontiers des commentaires durant la séance.

Respecter le sommeil :
Adopte toujours un réveil discret sinon tu risques de mettre tes proches de mauvaise humeur dès le matin ! Déplace-toi de façon feutrée dès que tu sais que quelqu'un se repose à côté, qu'il s'agisse de ta famille ou de voisins à l'heure de la sieste. Dans les régions du sud, les journées de travail commencent tôt pour éviter la chaleur et sont entrecoupées d'une sieste réparatrice et... sacrée.

Respecter un lieu de vie professionnelle :
Pénétrer dans l'enceinte d'un établissement public ou privé nous projette dans un lieu où des personnes travaillent en équipe pour un même objectif. Chacun y a une place indispensable au bon fonctionnement de la structure que ce soit une école, une bibliothèque, une entreprise. Toutes les fonctions sont respectables et nous n'avons aucun jugement à émettre de l'extérieur. La correction veut que nous saluions sans discrimination toutes les personnes de l'équipe que nous croisons, quelle que soit leur position hiérarchique. Cette attitude te vaudra l'estime de tous les membres de l'équipe.

Notre faculté d'adaptation :

Tout est en mouvement, évolue en permanence que nous le voulions ou non. Nous devons sans cesse quitter notre zone de confort pour procéder à des ajustements. Notre esprit se montre parfois réticent à cette gymnastique. Il transforme ces réticences en craintes et en peur de l'avenir, de l'inconnu. Il nous pousse contre toute logique à nous cramponner à ce que nous connaissons. Imaginons-nous sur un tapis roulant. Est-ce qu'il ne semblerait pas ridicule de se cacher l'arrivée des yeux et de reculer au risque de perdre l'équilibre ? La seule réaction saine est d'accepter le changement, voire de l'anticiper si on a besoin de réassurance. Si nous voyons les pires éventualités, essayons de compenser en imaginant les meilleures aussi et préparons-nous à faire la part des choses de façon objective. Il y a toujours un enseignement à tirer d'une expérience même difficile.

Cela nous permet de grandir et de changer nous aussi ! Les enfants développent une grande capacité d'adaptation, ils s'ennuient dans la routine et ils apprécient la nouveauté à condition d'anticiper en les prévenant. Certains adultes parviennent mieux que d'autres à garder cette fraicheur d'esprit et cette curiosité mais tous peuvent la développer par la réflexion. Crois-tu qu'il y a un lien entre l'âge et la peur du changement ?

TRUCS ET TACTIQUES :

- Une façon de faire reculer la crainte est de toujours envisager un plan B de secours pour le cas où pour une raison inconnue, le plan A prévu initialement connait un raté. Cela permet d'être moins déstabilisé si...
- Voir d'autres modes de vie, par des amis ou des voyages, élargit aussi notre champ de vision et accroit notre capacité d'adaptation personnelle.

Citations

"L'intelligence c'est pas fait pour briller mais pour s'adapter." Alfred Caput (journa liste français 1857-1962)

"Il est impossible de traverser deux fois la même rivière puisque l'eau est toujours en mouvement." Héraclite (philosophe grec 544-480 avant JC)

PIÉTON : EFFICACITÉ ET DISCRÉTION

Depuis 2008, la population urbaine est devenue majoritaire sur terre. Nous sommes de plus en plus nombreux et de plus en plus concentrés dans des villes. Nos déplacements peuvent devenir carrément chaotiques si nous ne nous entendons pas sur des règles communes.
Un peu comme la circulation automobile. Au fur et à mesure qu'elle s'est densifiée, il a fallu des stops, puis des feux tricolores puis plus récemment des rond-points. Et il suffit d'un accrochage pour bloquer la fluidité du trafic...
Pour une cohabitation harmonieuse entre piétons, il existe quelques règles simples à appliquer. Nous gardons ainsi le sourire et préservons notre tranquillité. Ça vaut le coup !

Je ne gêne pas :

- Je reste côté droit du trottoir, l'autre côté est utilisé par les piétons à contre sens.

- Je ne marche pas de front avec mes amis. Sinon personne ne peut nous croiser ni nous doubler.

• Si je m'arrête pour discuter, je me décale sur le côté de façon à ne pas gêner la passage. Si je regarde une vitrine, je m'en approche au maximum, on passera derrière moi.

• Je ne coupe pas le chemin de quelqu'un, c'est à dire que je ne passe pas devant lui en le forçant à s'arrêter un instant. Je passe après lui.

• Si je dois passer devant quelqu'un, je dis "pardon" pour le dérangement.

• À un passage de porte d'immeuble d'ascenseur, de bus... priorité aux sorties.

Je suis discret :

Je salue mes amis sans interpeler ni siffler. Les autres ne sont pas concernés. Je les préserve de ces apostrophes bruyantes et j'utilise mes jambes...

Je ne dévisage pas les autres, ni ne les déshabille de la tête aux pieds. Je les regarde de manière discrète, sans appuyer mon regard qui peut les gêner.

Je ne montre personne du doigt. Je réserve ce geste pour les objets. Je les situe pour en parler à mes amis " la dame au manteau bleu..." Le doigt fait accusateur. Il pointe une personne en particulier parmi un groupe. C'est désagréable et humiliant à vivre.

Je salue :

J'enlève mes gants pour saluer et mes lunettes de soleil pour discuter. Rien ne doit empêcher le contact direct. J'enlève également mon casque d'écoute.
J'évite le raccourci ''Bonjour messieurs dames'', pour ''Bonjour mesdames, bonjour messieurs''.
Je salue sans déranger. Un simple signe de tête ou un sourire peuvent suffire si la personne est occupée.
J'ai l'obligation de répondre à un salut.
Je garde une distance raisonnable pour saluer. Trop près, je peux donner à mon ami l'envie de reculer.
J'évite aussi de toucher mon interlocuteur pour ne pas le mettre mal à l'aise.

Ailleurs :

- Aux U.S.A. Pour se saluer on lève à peine la main en disant ''Hi !'' ou ''Hello !'
- Au Mexique, on se fait une accolade, c'est à dire on se tient un bras et avec l'autre on se tape dans le dos. Cette coutume trouverait son origine dans le besoin de vérifier que l'autre n'est pas armé.
- Au Tibet, la coutume veut qu'on tire la langue pour saluer.

(Se reporter à la page 88 ''On parle de''
et à la page 123 ''Autre pays, autre rituel'')

À qui et quand réserves-tu ces différents saluts ?

La bise, le handshake, le baisemain, la révérence, le tchake, le sourire, le hochement de tête, le baiser, la paume de main levée, le chapeau levé, le salut de bâton, le waï et le frotté de nez ?

Citations

''On a beau saluer une statue, elle vous ignore.'' Lao She (écrivain chinois 1899-1966)
''Ave Cesar, ceux qui vont mourir te saluent.'' Suetone (le Salut dans l'arène. Érudit romain, entre le 1ier et le second siècle après JC))

Histoire du V :
En 1941, en pleine guerre mondiale, un speaker belge incite ses compatriotes à écrire des V partout, V comme victoire en français et comme liberté en flamand pour symboliser la résistance antinazis. Il est largement entendu par la population. Churchill reprend le V à chaque discours, deux doigts levés, paume tournée vers le public et les résistants l'utilisent pour se saluer au péril de leur vie.
En 1958, s'adressant aux français, De Gaulle le représentera aussi mais avec tout son corps.
Actuellement, il signifie ''paix'' aux U.S.A. et victoire en Europe. Dans les années 70, un champion de moto le faisait après chaque victoire. Depuis, ce signe est devenu aussi la façon de se saluer entre motards.

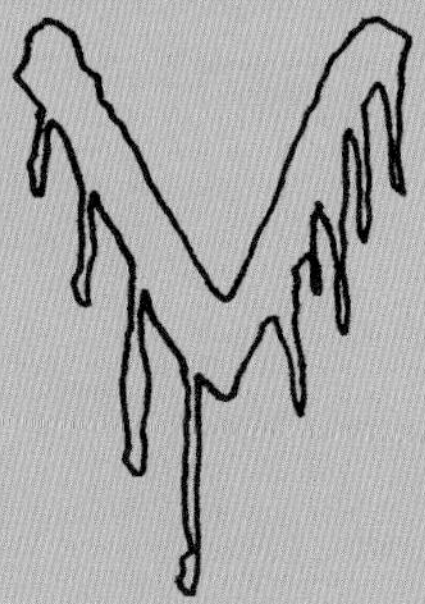

Trouver la bonne distance :
Nous avons tous une zone chargée émotionnellement qui dépasse de notre corps, un peu comme une zone tampon avec l'extérieur. On évoque souvent une ''bulle'' dans laquelle s'inscrivent nos mouvements, qui aurait la fonction de coquille protectrice.
Nous ne laissons personne rentrer dans cet espace intime sauf dans l'intimité ou malgré nous en cas d'agression. S'en approcher trop près provoque de notre part une réaction de défense. C'est pourquoi nous reculons lorsqu'une personne s'approche à moins de 50 cm de nous pour nous parler.
L'expression ''être dans la lune'' correspondrait en fait à «être dans sa bulle».

JE NE SUIS PAS UN ÉLÉPHANT !

Ces énormes mammifères traversent la savane de leur pas lent et marquent leur passage, une branche cassée là pour ne prélever que quelques feuilles, un arbuste arraché à peine plus loin qui restera à encombrer le sol, la végétation piétinée ailleurs... les regarder crée la consternation pour un européen qui sait combien les arbres sont précieux en Afrique et quelles difficultés ils ont à pousser dans ces climats si chauds et secs. Il comprend mieux pourquoi les cultivateurs craignent la présence des pachydermes aux abords de leurs champs.

Toutes proportions gardées, l'attitude de nos concitoyens est parfois similaire. En toute inconscience et légèreté, ils se déplacent comme si tout leur appartenait de façon exclusive et comme si leurs actes n'avaient aucune conséquence sur les autres, ou sur la collectivité ou encore sur notre planète.

- Et pourtant, déranger tout un linéaire dans un magasin pour prendre un article au fond et repartir sans rien remettre en place oblige le personnel déjà surchargé de travail à prendre le temps de tout repositionner.
- Et pourtant, détériorer l'assise d'un banc dans un jardin public nécessite son remplacement qui aura un coût pour la collectivité, c'est à dire tous les habitants, et fera en plus défaut aux promeneurs le temps de son remplacement.
- Et pourtant, laisser dans la forêt ses bouteilles vides, pollue la planète, ternit le plaisir de se promener, et tue des animaux marins qui les ingèrent lorsque les pluies et écoulements les amènent en mer.

Est-ce que on a le droit de "jouer à l'éléphant"?

Qu'est-ce que devenir ou être un adulte ?

Le b. a. ba du respect dans les commerces :

- Rentrer sans manger dans un magasin, par hygiène.
- Répondre au bonjour d'accueil du commerçant.
- Remercier même pour décliner lorsqu'on te propose de l'aide.
- Ne pas faire tout déballer lors d'un essai.
- Replier les articles que tu as toi-même dépliés.
- En libre service, ne toucher que ce que tu achètes.
- Repositionner ce que tu fais tomber par maladresse, ou ce que tu as dérangé.
- Ne rien entamer tant que tu ne l'as pas réglé.
- En caisse, laisser passer devant toi une personne qui n'a qu'un ou deux articles.
- Saluer en sortant.

ÇA NON PLUS ÇA NE ME VA PAS !!
C'EST MOCHE !
C'EST MOCHE !
C'EST MOCHE !
...
JE VOUS DOIS COMBIEN POUR CE SANDWICH ?
KROK
4 EUROS !
ÇA NE LES VAUT PAS !
EXCUSEZ-MOI ! POURRAIS-JE PASSER DEVANT S'IL-VOUS-PLAIT ?
SEULEMENT SI VOUS PAYEZ MON CHARIOT DE COURSES !
BIP
AU REVOIR ET MERCI !
...

Civisme pour les biens collectifs :

- Les utiliser avec soin comme tu le ferais avec les tiens.
- Ne pas privatiser l'espace dans les transports en commun : pieds sur les sièges, occuper plusieurs sièges,
- Céder ta place à une personne âgée, handicapée ou enceinte.
- Considérer que tu as la chance de pouvoir en disposer et ne pas laisser trace de ton utilisation.

Responsabilité écologique :

- Utiliser les poubelles publiques ou la tienne pour tes bouteilles vides, tes sacs et déchets.
- Laisser le règne animal tranquille (bruits et dérangement), nous habitons sur leur planète aussi.
- Ne pas cueillir inutilement ou détruire les végétaux.
- Se comporter dans la nature comme si tu étais dans un jardin : admirer sans abîmer.
- Préserver le monde aquatique de toute pollution.

Citation

"Nul n'est besoin de faire de la terre un paradis : c'en est un. À nous de nous adapter pour l'habiter." Henry Miller (romancier américain 1891-1080).

Un nouveau continent :

On connaissait une grande plaque de déchets plastique concentrés par les courants marins dans le nord-est de l'océan pacifique. Des scientifiques de la Sea Éducation Association (S.E.A.) viennent de trouver son équivalente dans l'atlantique nord ! Elle est grande comme La France, la Belgique et la Grèce réunies et fait 10 m d'épaisseur. Celle du Pacifique est plus vaste que L'Inde. Il est impossible de nettoyer les océans, toute la chaine alimentaire marine est atteinte par cette pollution. On estime qu'elle a provoqué la mort de 100 000 mammifères et d'un million d'oiseaux marins par an ! Nous sommes également touchés en mangeant du poisson. Tout ça pour des bouteilles plastique jetées n'importe où...

Pour la première fois, léger recul :

La RATP a créé en 2012 un observatoire des incivilités dans les transports en commun parisiens. En 2013, 97% des voyageurs interrogés déclaraient avoir été témoins d'incivilités dans les 30 jours précédents. Suite à des campagnes de sensibilisation, en 2014, les incivilités constatées par les voyageurs ont diminué de 8%.

HONNEUR AUX AUTRES

Ton intérêt personnel rejoint l'intérêt collectif. Ensemble, vous êtes plus forts, mieux protégés. Chacun doit s'inquiéter des autres autant que de lui-même. Lorsque quelqu'un manifeste ton importance pour lui, il reconnaît en même temps ta place dans la communauté. Pour marquer ton attention aux autres, des règles de simple bon sens ou parfois de protection des plus fragiles ont été établies au fil du temps. Si tu les utilises en automatisme, tu respecteras les autres et en seras respecté. C'est un bon échange.

Le bon sens :

♦ Respecter l'ordre d'arrivée dans une file d'attente : voilà un critère neutre, sinon les plus agressifs ou les plus forts feraient leur loi au détriment des plus faibles : femmes, enfants, personnes âgées ou handicapées. Leur place est ainsi reconnue par le groupe.

♦ Retenir la porte pour la personne qui suit est une façon de considérer la présence d'autrui et de lui simplifier la vie sans effort particulier de notre part, on partage.

♦ Donner la priorité aux sortants devant une porte ou un ascenseur : chacun y gagne du temps et de la bonne humeur !

♦ Aider une personne plus fragile : à traverser une rue pour une personne âgée, ou pour une femme à atteindre un article en hauteur dans un magasin, à franchir des escaliers avec une poussette, à monter dans un bus pour un invalide, on cède son siège à une personne enceinte. En général, ne reste pas les bras ballants devant une personne en difficulté, comprends son problème et aide-la.

La bienveillance :

- Dans un ascenseur, faire face aux autres pour marquer une ouverture aux autres.
- Dans des escaliers, on laisse l'usage de la rampe à une personne âgée. Par ailleurs, les messieurs passent toujours devant les dames. En montant pour prouver leur délicatesse et la maitrise de leur virilité, ils ne se mettent pas en situation d'être troublés par le galbe des jambes féminines.

En descendant, pour retenir celle qui ferait un faux pas et tomberait.

N'est-ce pas une belle forme de prévenance ?

- À un passage étroit, dans le même sens de circulation, pour un homme, s'effacer devant une femme en disant ''Je vous en prie'' et pour tous s'engager en disant ''pardon'' est une façon de prendre en compte les autres.

Voici autant de manières de prouver sa délicatesse.

Le haut du pavé :
Il y a encore quelques dizaines d'années, la coutume voulait que sur les trottoirs, les hommes prennent la place côté rue, plus exposée aux risques d'éclaboussures et d'accident et laissent la place protégée aux dames : côté maisons. Ils cédaient ainsi le haut du pavé.

La place interdite :
Nier l'égalité d'autrui passent par des stratégies d'exclusion et les places dans les bus en sont la parfaite illustration. Le 1ier décembre 1955, Rosa Parks (1913-2005) couturière en Alabama aux États-Unis refusa de céder son siège de bus à un blanc comme la loi l'y obligeait. Elle fût arrêtée. Un jeune inconnu, Martin Luther King, organisa aussitôt un boycott contre la compagnie qui dura 381 jours. Il obtint ainsi la suppression des lois ségrégationnistes dans les bus et accessoirement...la célébrité.